Vive l'Allemagne !

DU MÊME AUTEUR

chez Grasset :

LA MACHINE ÉGALITAIRE, 1987.
LA GRANDE ILLUSION, 1989.
L'ARGENT FOU, 1990.
LA VENGEANCE DES NATIONS, 1991.
FRANÇAIS, SI VOUS OSIEZ, 1991.
LE MEDIA-CHOC, 1993.
WWW.CAPITALISME.FR, 2000.
ÉPÎTRES À NOS NOUVEAUX MAÎTRES, 2003.
LES PROPHÈTES DU BONHEUR. *Une histoire personnelle de la pensée économique*, 2004.
CE MONDE QUI VIENT, 2004.
LE CRÉPUSCULE DES PETITS DIEUX, 2006.
UNE SORTE DE DIABLE. *Les vies de John M. Keynes*, 2007.
UNE HISTOIRE DE FRANCE, 2008.
DIX JOURS QUI ÉBRANLERONT LE MONDE, 2009.
UNE HISTOIRE POLITIQUE DES INTELLECTUELS, 2010.
UN PETIT COIN DE PARADIS, 2011.
L'ÂME DES NATIONS, 2012.
L'HOMME AUX DEUX VISAGES. *Itinéraires croisés : Jean Moulin/René Bousquet*, 2013.

Suite en fin d'ouvrage

Alain Minc

Vive l'Allemagne !

BERNARD GRASSET

PARIS

ISBN : 978-2-246-81030-8

Avant-Propos

Heureux comme Dieu en Allemagne ! Cette pétition de principe ne se veut pas seulement le symétrique du vieux proverbe allemand « heureux comme Dieu en France ». Elle traduit mon immense admiration pour l'Allemagne d'aujourd'hui. Ce cri du cœur symbolise, à sa manière, le miracle allemand. Qu'un Français dont les quatre grands-parents ont été engloutis dans l'Holocauste se sente chez lui à Berlin, Munich ou Hambourg aurait semblé incroyable, voire choquant, dans les années cinquante ou soixante ! L'Allemagne est désormais, à mes yeux, le pays le plus démocratique et le plus sain d'Europe. Incroyable renversement, mais dont l'affirmation relève encore, aux yeux de beaucoup, de la provocation ou du paradoxe.

Les Français ne connaissent guère, en effet, l'Allemagne. Ni les lignes de force d'une histoire très complexe dont le nazisme n'était pas l'inévitable aboutissement. Ni les conditions du miracle de 1945 qui font aujourd'hui de la République fédérale un pays exemplaire en Europe. Ni l'incroyable capacité à absorber sans spasme 17 millions d'Allemands de l'Est au moment de la réunification, là où la France a difficilement intégré un million de pieds-noirs. Ni les règles de fonctionnement atypiques d'une économie consensuelle au cœur de cette jungle à laquelle s'assimile le capitalisme mondialisé. Ni les conditions du rebond économique, à un moment où le navire était sur le point de sombrer.

Prisonniers d'un antigermanisme primaire et de leur propre pessimisme, nos compatriotes croient l'ascendant allemand irréversible et donc la tentation impériale, de la part de Berlin, inévitable. Rien n'est plus faux. La République fédérale vient de connaître son apogée économique : la montée de nouveaux concurrents, et surtout une démographie calamiteuse la condamnent à un relatif déclin. De même n'aspire-t-elle à dominer ni le monde, ni même l'Europe, mais à être une « grosse Suisse », prospère, paisible et la plus indifférente possible aux soubresauts de la réalité internationale.

Pour nous Européens, est-ce une bonne nouvelle de voir la principale économie d'Europe se vouloir un acteur édenté ? Car contrairement à la vulgate ambiante, Berlin exerce sur l'Union européenne l'influence la moins rude possible. François Mitterrand et Helmut Kohl voulaient une Allemagne européenne de préférence à une Europe allemande. C'est le cas. Mais aujourd'hui, préférons-nous une République fédérale aux abonnés absents de l'Histoire, ou au contraire prête à exercer un magistère tempéré ?

1

Peuple-nation et non Etat-nation

Les Français n'imaginent qu'un seul modèle national, le leur : l'Etat-nation. Et voir l'ennemi historique d'autrefois, l'Angleterre, relever peu ou prou du même concept les rassure sur son universalité. Un territoire stable et un Etat centralisateur sont les chromosomes de l'Etat-nation à la française ou à la britannique. La France s'est battue pendant plus de cinq siècles pour 20 % de son territoire : dès la fin du Moyen Age, elle occupait 80 % de l'hexagone, et l'Angleterre s'est transformée il y a plusieurs siècles en Grande-Bretagne, en prenant possession de l'intégralité de son île. Quant au pouvoir, il n'a cessé, à Paris et à Londres, de se renforcer. Chaque soubresaut de l'Histoire, chaque révolution, chaque changement de régime de ce côté-ci du Channel, de dynastie outre-Manche, ont apporté un tribut à l'irrémissible goût des Français et des Anglais pour le centralisme.

Pour des esprits façonnés par cette tradition, l'Allemagne demeure un mystère. C'est un peuple-nation. Aussi n'est-il enserré dans aucune frontière naturelle. Les Pyrénées, les Alpes, la rive gauche du Rhin, fut-elle atteinte, constituent des frontières naturelles pour la France comme la mer pour la Grande-Bretagne. L'Allemagne n'a connu, elle, que des frontières fluctuantes : à l'ouest certes mais plus encore à l'est, au gré des conflits avec le monde slave et l'Empire ottoman. Frontières, qui plus est, si longtemps déconnectées du système politique.

Né en 843 à l'occasion du traité de Verdun, plus ancienne structure politique occidentale, le Reich ne coïncide jamais avec le peuple allemand : il est toujours plus restreint ou plus ample. Sa vocation à l'universalisme est d'une autre nature : elle est, de ce fait, contraire à l'idée même de frontières. Se voulant l'héritier de l'Empire romain, le Reich cherche à incarner une civilisation davantage qu'un Etat. Lorsqu'il se transforme au XVe siècle en « Saint Empire romain de la nation allemande », il avoue sa contradiction originelle. Saint Empire, il s'estime universel, quitte à entrer en conflit avec la seule institution qui a les mêmes aspirations : la papauté. En charge de la nation allemande, il est en quête d'une identité dont la forme étatique n'est pas l'expression obligatoire. La dynastie des Hohenstaufen a tenté de surmonter ce hiatus par le dérivatif le plus classique, l'esprit de conquête, mais, enlisée dans le magma italien, elle échoua. Plus empiriques, les Habsbourg s'accommodaient de cette contradiction : obsédés par la maîtrise de leurs propres territoires dynastiques, ils tenaient à la dignité impériale moins comme une mission qui leur était échue au service de la nation allemande que comme un symbole de leur puissance. Leur rêve, toujours avorté, de conquérir la Bavière leur importait plus que de restaurer l'autorité de l'empereur du Reich. Ce n'est qu'avec le IIe Reich et plus encore avec le IIIe Reich que l'Empire deviendra le missionnaire de la nation allemande.

Un Etat-nation traditionnel fait corps avec une religion dominante, même s'il tolère, de gré ou de force, les minorités religieuses – protestants en France, catholiques romains en Grande-Bretagne. Rien de tel en Allemagne. Dans un raccourci si typique de son mode de pensée, Napoléon avait affirmé que, si Charles Quint s'était mis à la tête du protestantisme, il aurait réalisé l'unité de l'Allemagne, et résolu ainsi l'éternelle question allemande. Vision fulgurante et sans doute juste : la révolution luthérienne n'a pas débouché sur les bouleversements qu'elle portait en germe car elle n'a pas trouvé de support étatique. La traduction et la diffusion de la Bible en allemand ont accru l'importance de la langue comme vecteur du peuple-nation, mais elles n'ont pas contribué à transformer la nature politique du Reich. Bien au contraire : le luthéranisme a paradoxalement renforcé les grands féodaux aux dépens de l'unité impériale et donc politique. A défaut de réussir à incarner le peuple, il est devenu le fourrier des Princes. Au lieu de chevaucher l'aspiration à l'unité, il a abouti à une division religieuse qui a coupé la population en deux et surtout conforté la myriade de principautés et de territoires autonomes. Après avoir proclamé haut et fort la liberté du chrétien,

Luther a fini par le placer sous la férule des Princes. Dépassé par le mouvement qu'il a lancé et la peur de voir le peuple se mettre en marche, il a proclamé que toute révolte contre l'autorité est une révolte contre Dieu. Etonnant tête-à-queue qui fait passer les luthériens de la contestation du pape au service des satrapes locaux. Le principe de la paix d'Augsbourg en 1555 – *cujus regio, ejus religio* – en est la traduction : la religion du prince devient, au nom du principe d'autorité, celle de son Etat.

Les conséquences sont limpides : ni libre arbitre des populations, ni renforcement de l'Allemagne. Celle-ci sort affaiblie de la révolution luthérienne et le traité de Westphalie ne fera, un siècle plus tard, qu'entériner cet état de fait. Il sacralise le morcellement de l'Empire allemand à partir de la clef religieuse et, humiliation suprême, fait de la Suède – puissance protestante – et de la France – puissance catholique – les garants de cet émiettement. C'est la fin du pseudo-universalisme du Reich. L'Empire n'est plus qu'une « coopérative de princes » sous l'égide, essentiellement symbolique, du plus puissant d'entre eux, le Habsbourg.

Ainsi vidé de substance, le Reich persévérera dans son être, jusqu'au coup de grâce que lui donnera Napoléon en 1806.

Celui-ci deviendra, en effet, contre son gré, un militant imprévu de l'unité allemande. Ayant mis à bas l'Empire, il réunit tous les Etats allemands, exception faite de l'Autriche et de la Prusse, dans une Confédération du Rhin dont il se proclame le protecteur. Emportant dans ses bagages les valeurs de la Révolution française – la fin des privilèges aristocratiques et ecclésiastiques, l'émancipation des juifs, le Code civil… – et déconsidérant l'autorité des princes pour lesquels il n'a que mépris, il encourage, sans le pressentir, l'émancipation du peuple allemand, en affaiblissant la loyauté, vis-à-vis de leurs micro-souverains, de sujets qui se sentent de moins en moins saxons ou bavarois, et de plus en plus allemands.

C'est en réponse à la conception française de la nation-contrat que se développe l'idée allemande d'une « nation-force vitale » – *Volksgeist*. Celle-ci s'affirme en opposition au cosmopolitisme des élites allemandes de la fin du XVIIIe siècle, les Lessing et Goethe pour lesquels, comme l'avait écrit ce dernier, « le patriotisme est une héroïque faiblesse ». Les *Discours à la nation allemande* de Fichte sont l'instrument et le symbole de ce basculement. Prononcés à Berlin en 1807 et 1808, alors que les armées napoléoniennes occupent la Prusse, ils appellent les Allemands à lutter non pour une aspiration étatique, mais pour leur identité, au nom de la mission rédemptrice que Dieu leur a assignée. La langue, la culture, la mémoire, l'ethnicité, la mission : tels sont les fondements du peuple-nation. Aux yeux de Fichte, le Saint Empire romain germanique n'est ni une référence, ni une nostalgie, comme s'il partageait, sans le vouloir, le point de vue de Voltaire selon lequel celui-ci n'était « ni saint, ni empire, ni romain ». La langue, elle, est quasi sainte : « Voilà la solution de notre question sur la différence entre le peuple allemand et les autres peuples d'origine germanique. Cette différence s'est faite dès la séparation d'un rameau commun : les Allemands ont continué à parler une langue vivante de sa vie naturelle et originelle ; les autres rameaux germaniques ont été prendre une langue dont les branches semblaient encore vives, mais dont les racines étaient mortes. Nous avons conservé cette virilité que les autres ont perdue : de là provient la différence entre eux et nous. »

La langue fonde la culture, la culture définit la nation allemande, la nation allemande est en charge de régénérer le monde. Pour Fichte, le peuple allemand est un peuple élu. D'aucuns, plus tard, y verront la raison de vouloir exterminer un autre peuple élu... La *Kulturnation* correspond à un peuple sans État, installé sur un territoire aux frontières incertaines, dont l'identité repose sur la langue, la culture et le sang. Obsession française, les frontières ne sont, dans ce nationalisme-là, qu'accessoires : elles n'ont fait longtemps que diviser le peuple-nation et elles ne cesseront, une fois l'unification politique faite, de fluctuer. Fichte est un Luther sans la Réforme. Il se veut prophétique sur la capacité de l'Allemagne à assurer la rédemption du monde, puisque les Français ont échoué comme missionnaires de la liberté. La régénération de la nation se fonde sur l'éducation : celle-ci est la matrice du peuple-nation. On ne peut imaginer vision plus antinomique de la conception française, fondée sur la puissance de l'Etat, la stabilité du territoire et, du côté des citoyens, le « plébiscite de tous les jours » cher à Renan. L'affrontement des deux idéologies nationales est en place, bien avant le combat des armes.

Rien, chez Fichte, n'annonce l'unification politique du peuple-nation : écrasée par Napoléon, la Prusse ne paraît guère en état de jouer le rôle que Bismarck lui attribuera et l'Autriche semble accaparée par la préservation de ses territoires propres, plutôt que par l'idée de devenir l'instrument de l'unification. En 1808, celle-ci ne relève même pas du rêve. La chute de Napoléon ne semble pas, de ce point de vue, changer la donne, et le congrès de Vienne aboutit à une solution bâtarde. Ce n'est pas la Confédération germanique de trente-neuf Etats, dotée d'une diète croupion et formellement présidée par l'Autriche, qui préfigure une armature étatique pour le peuple-nation. Quant à la signature en 1833 du *Zollverein*, première union douanière sous l'égide de la Prusse, elle n'est pas le masque d'une ambition politique mais la manifestation du dynamisme économique prussien et de son désir de se donner un espace de développement.

La révolution de 1848 à Berlin et à Vienne se veut, elle, libérale et nationale. C'est un moment fugitif où le destin de l'Allemagne aurait pu prendre une autre voie, en cas de succès de l'insurrection. Ultérieurement l'Allemagne sera nationale et non libérale – les IIe et, pire, IIIe Reich – ou libérale et non nationale – la République de Weimar ou la République fédérale depuis 1947.

La révolution de 1848 vaincue, la Prusse change de nature. Obsédée par la volonté de devenir une grande puissance, elle se jette, sous la férule de Bismarck, dans une nouvelle ambition : être l'incarnation du peuple-nation. Ce n'est donc pas un Etat-nation qu'édifie le « Chancelier de fer », mais un « Etat-mission », c'est-à-dire un Etat dont la mission est de faire, au nom du peuple-nation, l'unité de l'Allemagne. Celle-ci doit devenir, « par le fer et le sang », le prolongement de la Prusse. Ces mots ne sont pas neutres. Le fer s'identifie à la puissance économique, le sang à la guerre si celle-ci se révèle nécessaire pour atteindre l'objectif. Les relations internationales relèvent d'un droit « qui est la politique bien comprise de la puissance », suivant le mot de

Bismarck. L'appareil administratif, l'essor capitaliste, la force militaire se conjuguent, sous l'action de cet homme sublimement intelligent, au service d'une seule cause : l'unité allemande. L'Autriche neutralisée après la défaite de Sadowa (1866), la France vaincue en un tournemain, Bismarck peut établir le IIe Reich et poursuivre son action centralisatrice sous l'égide de la Prusse, jusqu'à son renvoi en 1890. Les institutions impériales sont l'expression de cette action : le Roi et le ministre-président de Prusse sont empereur et chancelier d'Allemagne ; les ministres sont à l'origine ceux de la Prusse. Les autres Etats de l'Empire préservent en apparence leur identité politique et leurs traditions, mais ce sont de simples vassaux.

L'Empire ne réunit pas l'ensemble du peuple-nation, puisque les territoires allemands de l'Empire austro-hongrois lui échappent. Mais ce fut le génie politique de Bismarck de laisser de côté cette ambition-là. S'il avait mis à bas l'Empire des Habsbourg au nom du peuple-nation après Sadowa, la Prusse aurait coalisé contre elle la France, l'Angleterre, la Russie, et n'aurait pu réaliser l'unité allemande. Le IIe Reich proclamé, Bismarck ne cède donc pas à la tentation de faire exactement coïncider l'Empire allemand et le peuple-nation. Il sait bien que, devenue la puissance dominante du continent, l'Allemagne est déjà trop encombrante. Aussi a-t-il mis toute son habileté à maîtriser la question allemande par un jeu d'alliances et de contre-alliances, de manière à éviter que se coalisent contre Berlin tous les autres acteurs continentaux. Ceci signifiait abandonner une dimension clef de la doctrine de Fichte : la vocation du peuple allemand à régénérer le monde. La retenue de Bismarck ne vaut pas seulement vis-à-vis de l'idée de l'Anschluss – l'annexion de l'Autriche ; elle s'exerce aussi à l'égard du moindre projet colonial. Ainsi répond-il en 1888 à l'explorateur Wolf, venu plaider la cause d'une expansion africaine : « Votre carte de l'Afrique est certes belle mais ma carte de l'Afrique est ici, en Europe. Ici se trouve la Russie et ici se trouve la France et nous sommes au milieu : voilà ma carte de l'Afrique. »

Voulant à tout prix empêcher que le IIe Reich coure au-delà de ses frontières en quête du peuple-nation, Bismarck va même jusqu'à établir en 1871 le droit du sol : est allemand tout individu né sur le sol allemand. Etonnant dispositif à rebours de la logique du peuple-nation et donc peu durable. Ainsi ce droit du sol s'efface-t-il en 1913 devant le droit du sang : est allemande toute personne née de parents allemands, sur le territoire du Reich ou ailleurs.

La retenue bismarckienne oubliée, l'Empire tombe le masque : ses frontières ne correspondent pas à l'espace dans lequel vit le peuple-nation. C'est rendre inévitable la tentation de les faire un jour coïncider : l'expansionnisme allemand est inscrit en pointillés dans cette nouvelle définition de la citoyenneté. La prudence de Bismarck est également balayée sur la question coloniale. Bülow le manifeste avec acrimonie en 1899 : « Nous ne pouvons autoriser aucune puissance étrangère, aucun Jupiter étranger à nous dire : que faire ? Le partage du monde a déjà eu lieu. » Le Reich post-bismarckien pense n'avoir d'autres limites à son action que celles qu'il se fixe lui-même.

Lorsque, après la Première Guerre mondiale, les vainqueurs réfléchissent aux conditions à imposer à l'Allemagne, aucun d'entre eux n'intègre les spécificités liées à la nature d'un peuple-nation. Comment s'étonner, dès lors, que le traité de Versailles n'ait pas été accepté par l'opinion publique allemande ? Le territoire du Reich n'ayant pas été envahi, la population n'a pas le sentiment d'avoir perdu la guerre. Ce sont l'occupation, les destructions, les exactions qui témoignent habituellement d'une défaite. Tel n'est pas le cas en 1918. Or le traité charcute le territoire du peuple-nation, l'ampute de 20 %, et augmente, de la sorte, le nombre d'Allemands hors des frontières. Phénomène aggravé par l'explosion de l'Empire austro-hongrois, qui aboutit à multiplier les minorités allemandes au sein des nouveaux Etats de l'Europe centrale.

Le peuple-nation s'identifie moins que jamais à un territoire ; l'éternelle question allemande est de retour. Mais elle ne se pose pas, dans les années vingt, dans les mêmes termes qu'avant 1870. Ce n'est plus l'Allemagne du traité de Westphalie qui occupe l'esprit de l'opinion, c'est-à-dire la référence à une époque où l'exigence du peuple-nation ne s'accommodait d'aucun cadre étatique. Les Allemands ont en effet connu une période où un « Etat-mission » pouvait prétendre représenter une large partie du peuple-nation. Aussi peuvent-ils penser, à tort ou à raison, que le peuple-nation doit trouver un jour son expression dans un Etat et s'identifier à un territoire précis.

2

Il n'y avait pas de fatalité nazie

Dans l'inconscient français, le nazisme demeure un avatar naturel de l'histoire allemande. De là une suspicion en France selon laquelle la métamorphose démocratique de l'Allemagne est fragile, voire suspecte. L'idée demeure répandue que le diable peut ressortir de sa boîte. Quand les germanophobes ont peur de choquer en se référant à Hitler, ils s'abritent derrière la résurrection de l'ambition impériale, du bismarckisme conquérant, d'un impérialisme viscéral, toutes métaphores destinées à agiter, de manière subliminale, la crainte d'un néonazisme. Ce fantasme ne s'évacue pas d'un haussement d'épaules, tant le poids de l'Histoire est lourd. Il n'existe de réponse qu'argumentée.

Le destin de l'Allemagne au début des années trente s'alimente à plusieurs sources, mais ce maelström ne faisait pas de l'avènement au pouvoir des nazis une fatalité, loin s'en faut. C'était même l'hypothèse la plus improbable.

Première source, sans doute la plus forte : le refus, par l'opinion allemande, de la défaite de 1918 et donc le rejet viscéral du traité de Versailles. Celui-ci est infiniment plus dur à l'égard de l'Allemagne que les conditions imposées par Bismarck en 1871 à la France, alors que celle-ci avait été en partie occupée, à la différence du territoire allemand sur lequel le 11 novembre 1918 aucun soldat allié n'avait posé le pied. Occupation instantanée de la rive gauche du Rhin, convocation d'une conférence de la paix qui préfigure, par l'absence de représentants allemands, le sentiment d'un futur diktat, volonté de faire reconnaître par les vaincus leurs torts moraux : autant d'humiliations qui annoncent le rétrécissement du territoire, c'est-à-dire quelques abandons à l'ouest, l'Alsace-Lorraine principalement, et surtout des ablations massives à l'est, la disparition de la Prusse occidentale, le partage de la Silésie. S'ajoutent la réduction de l'armée à la portion congrue

– 100 000 hommes –, l'interdiction du service militaire, l'impossibilité de construire une aviation de guerre, la *diminutio capitis* de la marine, et les réparations dont Keynes a dénoncé le premier la folie irréaliste, et dont l'exécution aurait appauvri au moins quatre générations d'Allemands.

Les Alliés se sont dupés sur l'acceptation, par la classe politique, de cet ukase. Même les hommes publics les plus estimés par les Français et les Anglais ne souscrivaient pas, au fond d'eux-mêmes, aux conditions de ce diktat. Ainsi de Stresemann, le partenaire d'Aristide Briand qui, s'il reconnaissait les frontières occidentales fixées par le traité, et en particulier la restitution de l'Alsace-Lorraine à la France, se gardait bien de faire le même geste à l'égard des frontières orientales. Stresemann était en effet une version modérée de Bismarck. Attaché à la philosophie du peuple-nation, il ne se contentait pas du territoire rabougri désormais attribué à ce dernier. La lecture de ses écrits posthumes montre même qu'il rêvait de l'Anschluss, donc du rattachement à l'Allemagne de la petite Autriche, ultime résidu de l'Empire austro-hongrois. Quant à Rathenau, autre idole des Français et des Anglais, il a couvert de son autorité le réarmement clandestin de son pays, ce qui n'était pas un acte anodin. Ces deux hommes éminents étaient trop intelligents pour ignorer que leur action pouvait, à long terme, rendre une nouvelle guerre inévitable. Si ouverts fussent-ils vis-à-vis des autres Européens, ils n'acceptaient pas le statu quo qui faisait de l'Allemagne un Etat émasculé, désarmé, et handicapé. Si eux pensaient ainsi, que dire des autres : conservateurs, militaires en retraite, anciens combattants frustrés, hommes de la rue blessés et, inévitablement, nationalistes de tous acabits, y compris les plus extrêmes ?

Le problème des frontières est, pour la première fois, posé au peuple-nation. Bismarck y avait résisté, refusant l'expansion territoriale pour mieux assurer la construction de l'Etat impérial. Il ne considérait pas que l'Empire des Hohenzollern devait englober tous les citoyens de race et de langue allemandes, au point de s'accommoder paradoxalement, en matière de nationalité, du droit du sol. La mosaïque territoriale engendrée par les coups de serpe du traité de Versailles va ouvrir, elle, la boîte de Pandore, avec des minorités allemandes éparpillées dans les nouveaux Etats d'Europe centrale dont a accouché la conférence de la paix. En Pologne au premier chef avec, de surcroît, l'absurdité du corridor de Dantzig. Mais aussi en Tchécoslovaquie, en Hongrie, avec en prime l'incertitude sur le destin de la nouvelle Autriche, résidu des possessions souveraines des Habsbourg. Le peuple-nation est en quête de son espace mais cette résurgence d'ambitions territoriales ne s'identifie pas à ce stade au futur *Lebensraum* – l'espace vital – des nazis.

Deuxième source du mal-être allemand : l'édification artificielle du parlementarisme. Le Parlement ne s'est pas imposé au fil des siècles, comme en France ou a fortiori au Royaume-Uni. L'élection de ses membres au suffrage universel a été octroyée par Bismarck, témoignage parmi d'autres de son réformisme autoritaire : il n'a été conquis ni par une révolution des rues, comme chez nous, ni par une révolution aristocratique, comme en Angleterre. La Constitution de 1919 plaque le parlementarisme sur des structures sociales empreintes du culte de l'aristocratie, avec par ailleurs le maintien d'une organisation fédérale, source inévitable d'affaiblissement du pouvoir central. Le tourbillon révolutionnaire de 1919 n'a pas métamorphosé la société civile au point de l'adapter aux mœurs et usages de la démocratie classique. S'ajoute l'ambiguïté née de l'élection au suffrage universel d'un président de la République doté de pouvoirs propres importants, substitut inavoué du Kaiser et dont l'existence sera la clef de voûte des aspirations et fantasmes conservateurs.

Même dans un contexte apaisé, un tel système institutionnel aurait été condamné à être bancal. Or l'Allemagne est un chaudron au début des années vingt : une défaite mal acceptée, un diktat rejeté, une révolution avortée, une frustration des extrêmes, communiste et nationaliste, une caste militaire à cran, une bourgeoisie aux aguets, une pulsion populiste en plein essor. Le régime parlementaire est, dès lors, condamné à devenir le bouc émissaire de toutes les insatisfactions. D'innombrables élections – 1919, 1920, 1924 à deux reprises, 1928, 1932 à deux reprises, 1933, soit huit scrutins en quatorze ans –, des coalitions faibles et instables, des gouvernements fragiles, des extrêmes de gauche et de droite en marge du jeu démocratique : ce sont, en pire, les travers que connaîtra la France sous la IVe République. Le désir d'un pouvoir au minimum stable, au plus autoritaire, ne pouvait dès lors que se diffuser dans l'opinion publique. L'élection de Hindenburg à la présidence en fut le symbole. Le plus titré des militaires devenu un empereur sans couronne : c'était un aveu sur le désir d'ordre du pays. Mais Hindenburg n'était pas le de Gaulle de 1958. L'aurait-il été, le destin allemand eût été différent. La République de Weimar avait un besoin vital d'un aggiornamento institutionnel ; prisonnière de ses propres faiblesses, elle était incapable de l'organiser.

Troisième source de frustration : les ravages de la grande inflation. C'est un phénomène incompréhensible dans le monde d'aujourd'hui, où les monnaies gardent au moins l'essentiel de leur valeur. Une monnaie qui ne vaut, au sens propre, plus rien ; l'épargne des particuliers engloutie ; les retraites et autres revenus quasi fixes ramenés à zéro ; les pénuries qui conduisent à une économie primitive de troc ; la paupérisation, aux profiteurs près, de tous les citoyens ; les circuits économiques qui relèvent de règles de gestion les plus frustes. Les Allemands connaîtront en 1945 un second engloutissement de leur patrimoine collectif, mais ils en sauront les raisons : l'anéantissement du IIIe Reich et une punition immanente pour la politique monstrueuse menée en leur nom. En 1923, rien de tel : le pays n'est pas détruit ; il se sent victime d'un déni de justice qui se cristallise sur l'absurde fardeau des réparations. Pour l'opinion, les coupables de cette ruine collective sont à Paris. Schacht mettra rapidement fin au désastre en créant le *Rentenmark* gagé sur l'ensemble de la production agricole allemande, c'est-à-dire sur la confiance nationale et internationale vis-à-vis de l'économie allemande. Mais la résurrection d'une monnaie de qualité n'efface pas les cicatrices provoquées par l'effondrement de l'ancien mark. Pour la bourgeoisie, petite et moyenne, les responsables sont les politiciens incapables, les révolutionnaires malveillants, les sociaux-démocrates inconscients, les profiteurs capitalistes – surtout s'ils sont juifs –, et naturellement le monde extérieur, France en tête.

Quatrième source de malheur qui, elle, n'est pas spécifiquement allemande : le choc de la « grande crise ». Née en 1929 à Wall Street, celle-ci trouve son premier écho en Allemagne, bien avant le Royaume-Uni et la France. Les retraits quasi immédiats des capitaux américains, attirés par le rebond de l'économie germanique depuis 1924, provoquent un choc au sein d'un système économique encore en convalescence. Désastres bancaires, faillites en cascade, chômage en hausse vertigineuse : autant de traumatismes devant lesquels les pouvoirs publics semblent désemparés. Les Allemands ne connaissent pas plus, à ce stade, les remèdes à la crise que les autres Occidentaux, mais la présence au pouvoir de coalitions aléatoires, mêlant sociaux-démocrates et politiciens de droite, accentue les frustrations populaires face à des partis politiques qui tirent à hue et à dia. Les ressentiments se cristallisent contre l'impéritie des gouvernants et des parlementaires.

Cinquième source de complexité : la force d'un parti communiste soumis aux volte-face de Staline et incapable de hiérarchiser ses priorités. Les traces du schisme de 1917, les blessures nées de la révolution avortée de 1918-1919, la mainmise complète de Moscou sur l'appareil communiste : autant de raisons du combat frontal engagé par le parti communiste contre les sociaux-démocrates, considérés comme « sociaux-traîtres ». Aucun PC européen n'a mené la stratégie du pire avec autant de constance que le parti allemand. Ainsi du maintien du candidat communiste aux élections présidentielles de 1925, avec pour conséquence l'élection du maréchal Hindenburg, candidat de l'Allemagne réactionnaire aux dépens du centriste Marx, soutenu par les sociaux-démocrates. Ainsi de la volonté communiste de « plumer la volaille socialiste » – un mot employé plus tard par leurs camarades français – dans tous les scrutins, quitte à favoriser la droite conservatrice et le parti nazi. Ainsi même d'une alliance de fait avec les nazis dans certains conflits sociaux transformés en autant de coups de bélier contre les gouvernements en place. Le comportement du PC ne pouvait qu'alimenter l'anticommunisme au sein de la droite mais l'extrême droite était naturellement plus à l'aise pour exploiter ce carburant politique que les partis classiquement républicains.

Sixième source : le terreau réactionnaire sur lequel le parti nazi va s'appuyer. Les associations d'anciens combattants, tous convaincus de ne pas avoir perdu la guerre, les militaires oisifs renvoyés dans leurs foyers à la suite de la réduction des effectifs à 100 000 hommes imposée par le traité de Versailles, l'ombre omniprésente des théories ethnicistes du XIXᵉ siècle sur « l'homme allemand », la nostalgie de l'Empire wilhelmien, le mépris d'une démocratie « abâtardie » et « enjuivée », les mouvements « *völkisch* » encensant le « peuple allemand », des ligues de plus en plus audacieuses, des « corps francs » désireux d'en découdre avec la République, avec au sein de cet ensemble hétéroclite, le petit parti national-socialiste créé par un demi-solde, ancien caporal, Adolf Hitler. L'extrême droite est omniprésente et n'hésite ni à faire le coup de poing, ni à assassiner, ni à faire régner la peur.

Un tel contexte préfigure naturellement un coup de barre violent à droite. Ni union de la gauche pour s'y opposer comme ce sera le cas en France ; ni solidarité réelle des forces républicaines, tant la droite conservatrice se sent peu à l'aise dans le cadre de la Constitution de Weimar ; ni compréhension réelle des anciens vainqueurs, en particulier de la France, peu désireux d'alléger les réparations. Ce sont les ingrédients d'un basculement. Mais rien ne laissait prévoir un triple aveuglement aux conséquences désastreuses. Aveuglement de la droite réactionnaire qui, face à *La Résistible Ascension d'Arturo Ui* – selon le titre de la pièce de Brecht –, c'est-à-dire de Hitler, s'imagine qu'elle arrivera à contrôler l'énergie des nazis, tout en profitant du surcroît de force qu'ils pourront lui apporter. Aveuglement des communistes, insensibles au danger nazi, ou victimes du choix de Staline de jouer la carte de la déstabilisation maximale. Aveuglement des républicains, qui font corps autour de Hindenburg à l'élection présidentielle de 1932, seul capable à leurs yeux de battre Hitler, sans mesurer qu'ils mettent leur avenir dans les mains d'un vieillard cacochyme et dénué de tout sens politique. Derrière ce suicide collectif de la classe politique se glisse une même inaptitude à comprendre la nature réelle du nazisme, son hétérodoxie par rapport aux idéologies classiques et aux pratiques militantes.

La droite conservatrice et réactionnaire retrouvait dans l'idéologie nazie des thèmes qui lui étaient familiers, en particulier la tradition « *völkisch* » – le culte du peuple –, l'affirmation nationaliste, l'appel à l'ordre, le refus viscéral du traité de Versailles. Aussi acceptait-elle de faire l'impasse sur la violence et la vulgarité. Avait-elle lu de près *Mein Kampf* ? C'est peu probable, et pour ceux de ses membres qui l'avaient fait, l'exercice relevait du livre politique, c'est-à-dire de propos qui seraient oubliés au gré de l'exercice du pouvoir. L'idée que Hitler ferait ce qu'il avait écrit ne les effleurait pas. Aucun d'entre eux n'avait saisi l'essence du nazisme, et les étrangers observateurs de l'Allemagne pas davantage. Son caractère messianique leur échappait. Ainsi de l'anti-sémitisme. Pour les conservateurs bon teint, l'hostilité aux juifs relevait de l'éducation, mais aucun d'entre eux ne mesurait que l'antisémitisme était la matrice radicale et absolue de la vision du monde de Hitler. Ainsi du caractère antireligieux du nazisme.

Celui-ci était une religion séculière, incompatible avec l'appartenance aux religions traditionnelles. C'est sur terre que s'accomplit la mission du Führer ; il n'en rend compte à aucune autorité spirituelle. Ainsi du culte du chef qui échappe aux mécanismes classiques du pouvoir : le nazisme a plaqué des relations de suzerain à grands féodaux sur la structure d'un Etat classique, au prix d'un désordre institutionnel paradoxalement contradictoire avec le dogme de l'ordre auquel s'identifiera le IIIe Reich.

Philosophiquement, religieusement, culturellement, politiquement, le national-socialisme est un « ovni » qui ne s'inscrit dans aucune tradition. Pape d'origine allemande et donc plus à même de mesurer l'hétérodoxie absolue du nazisme, Benoît XVI a eu un mot d'une extrême finesse : « Le nazisme, c'est quand le Malin prend le visage d'un petit voyou. » Personne n'a, à l'époque, compris, ni en Allemagne, ni ailleurs, la nature du régime mis en place à partir du 30 janvier 1933. Il s'agissait, aux yeux de tous, d'une version allemande du fascisme tel qu'il régnait en Italie depuis 1923 : un système autoritaire et antidémocratique auquel nul ne prêtait une essence particulière. Prétendre, comme l'a fait a posteriori la vulgate communiste, que le IIIe Reich était la résurrection du Reich wilhelmien est une ineptie. Affirmer, comme beaucoup, que l'âme allemande portait le nazisme comme la nuée l'orage est absurde : maints traits de la germanité s'y retrouvaient, mais la nature profonde de l'hitlérisme était orthogonale à la tradition allemande, comme à toute autre tradition occidentale. C'est l'essence même de l'Occident que Hitler répudiait : ses valeurs, l'équilibre entre Dieu et César, les relations du spirituel et du temporel, la place de l'individu et du politique. Le marxisme menait, de son côté, une œuvre parallèle de démolition et la bourgeoisie ne s'y était pas trompée car elle était la cible affichée des communistes. Elle ne s'est jamais sentie en revanche menacée dans ses intérêts par le nazisme, pour lequel l'organisation du système économique – capitaliste ou non – était secondaire dès lors qu'il répondait aux besoins du régime. D'où l'aveuglement des classes dirigeantes. En fait le nazisme était si antioccidental qu'il ne pouvait être plus intrinsèquement allemand que français ou anglais.

La question légitime que le monde a, en revanche, le droit de poser à l'Allemagne est tout autre : comment le pays a-t-il continué à accepter cette religion primitive, au fur et à mesure de la découverte de sa vraie nature ? Aux élections de 1932, les nazis avaient obtenu 37,2 % des voix. Le 5 mars 1933, après l'avènement de Hitler et l'incendie du Reichstag, ils n'atteignirent que 43,7 %, progression étonnamment faible compte tenu du changement de contexte. Ce n'est donc pas un pays quasi unanime qui a accouché du régime nazi. Plus d'un Allemand sur deux s'est refusé à donner son blanc-seing, alors que la machine à broyer les individus avait commencé à se mettre en place. Mais cette Allemagne-là, opposante, réticente ou au minimum non adhérente, va disparaître et ne retrouver vie qu'à travers la conjuration de Stauffenberg à l'été 1944. Et encore celle-ci incarnait-elle le refus de l'aristocratie militaire ; elle ne venait pas des profondeurs de la société civile. La répression, la mise en coupe réglée de la société, l'enrégimentement militaire, la décapitation de l'opposition : autant, naturellement, de clefs.

Mais la faiblesse du nombre d'actes de résistance, fussent-ils individuels, ne laisse pas d'interpeller. Propension au respect de l'ordre établi, quel qu'il soit ? Incapacité de s'organiser souterrainement ? Sens viscéral de la hiérarchie ? Peur collective ? Il n'existe pas de réponse simple mais cette interrogation a taraudé les générations allemandes d'après-guerre et participe du non-dit dans les relations étranges qu'elles ont entretenues avec leurs parents. C'est un mystère non résolu aux yeux des citoyens de l'Allemagne du miracle démocratique.

3

Les ingrédients du miracle

———————————

L'Allemagne de 1945 est une *tabula rasa* sans précédent. Les défaites donnent traditionnellement le pouvoir aux moins compromis des dirigeants en place, à une opposition revenue d'exil ou à des personnalités incontestables issues de la société civile, afin d'incarner une légitimité minimale face aux vainqueurs. Exigé par les Alliés, le principe d'une capitulation sans condition portait en germe la disparition, au moins temporaire, de la souveraineté allemande. La rigidité était, paradoxalement en la matière, davantage la position des Occidentaux que de Staline. Celui-ci avait en réserve, dans les länder occupés par les Soviétiques, des membres du Parti communiste allemand tenus de près par Moscou, pour servir de paravent et assumer, dès que possible, une autorité badigeonnée aux couleurs locales. C'est lors de la conférence de Potsdam en juillet 1945 que se prirent les premières décisions relatives au « trou noir » que venait de devenir l'Allemagne. L'une d'entre elles fut à la fois dramatique et positive : l'acceptation de l'expulsion des populations allemandes des territoires placés sous occupation soviétique. Humainement cruelle – une quinzaine de millions de réfugiés –, cette modification de la carte européenne aura néanmoins des conséquences décisives : le peuple-nation sera réuni entre le Rhin et la frontière Oder-Neisse, donc dans un territoire pour la première fois clairement délimité, avec dans un premier temps deux Etats, puis, après l'unification de 1990, une seule République fédérale d'Allemagne. Les vainqueurs de 1945 n'avaient certes pas ce raisonnement à l'esprit. Ils retaillaient, à coups de serpe, la carte de l'Europe, indifférents aux conséquences humaines de leurs choix. Mais en réalité, ils firent disparaître, sans y penser explicitement, une des composantes les plus insolubles de l'éternelle question allemande : la disjonction du peuple de son territoire et de son Etat, avec, pour conséquence, les frustrations et les réflexes nationalistes dont le passé avait déjà été le témoin.

Les ex-réfugiés constitueront, certes, en République fédérale, un lobby politique très délicat à manier, ce qui expliquera début 1990 les atermoiements du chancelier Kohl pour reconnaître comme définitive la frontière Oder-Neisse, c'est-à-dire pour entériner *ad vitam æternam* la renonciation aux territoires de l'Est. Mais les revendications des ex-réfugiés ne pouvaient relever que du fantasme, dès lors qu'elles se heurtaient jusqu'en 1989 aux contraintes de la guerre froide puis, après la chute du communisme, à la volonté des quatre puissances d'empêcher un remodelage des frontières européennes afin de ne pas rouvrir une boîte de Pandore.

La seconde conséquence de Potsdam relève d'un quiproquo. Les trois participants avaient décidé la création à Berlin d'administrations centrales allemandes, de manière à ne pas être en première ligne face à la population. Absente à Potsdam mais détentrice d'une zone d'occupation et reprenant la vieille antienne d'une nécessaire division de l'Allemagne, la France refusa d'entrer dans le cadre initialement prévu et décida de gérer « son » Allemagne à sa main, en suscitant la mise en place d'administrations locales, ce qui poussa les trois autres vainqueurs à faire de même. Il résulta de cette volte-face un double effet. La disparition des administrations centrales prévues à Berlin priva Staline d'un levier d'influence et l'empêcha d'intervenir indirectement dans les zones occidentales. La création de quatre Allemagne administratives assez autonomes facilitait certes l'érection du « rideau de fer », mais préfigurait à l'Ouest une forme de fédéralisme. Or celui-ci deviendra consubstantiel au modèle démocratique de la République de Bonn.

Mais ce sont évidemment la coupure progressive de l'Europe en deux et la peur, à l'Ouest, de l'ogre soviétique qui jouèrent le rôle principal dans l'émergence de l'Allemagne démocratique. Les Allemands firent très vite la distinction entre les occupants occidentaux et soviétiques. Les Russes avaient évidemment la main plus lourde qu'Américains, Anglais et Français. Tenus pour responsables de l'expulsion des populations de l'Est, pratiquant viols, vols et brutalités en tous genres sur les populations sous leur contrôle, ils suscitaient une répulsion viscérale de la part d'une opinion auprès de laquelle les Occidentaux apparaissaient par comparaison amicaux et angéliques. Ce sentiment eut une importance considérable dans l'adoption par les Allemands de l'Ouest des valeurs libérales, comme s'ils étaient embarqués par les puissances occidentales dans un grand mouvement de contagion démocratique. Les étapes successives de la guerre froide donnèrent, aux yeux des populations des trois zones d'occupation, une dimension quasi messianique à la présence occidentale, c'est-à-dire essentiellement américaine. La fin des démontages d'usines, l'allègement des contrôles en tous genres, puis les effets de plus en plus visibles du plan Marshall et enfin l'approvisionnement de Berlin au moment du blocus : autant de gestes qui provoquaient une reconnaissance unanime vis-à-vis des démocraties de l'Ouest et donc une adhésion naturelle à leurs principes. Aussi longtemps que la circulation entre l'Ouest et l'Est demeura possible, les valeurs libérales ne trouvaient pas de meilleur avocat que la comparaison entre les modes de vie sous la férule occidentale et sous la main de fer soviétique.

Les vainqueurs avaient, de surcroît, admis l'idée de la résurrection d'une vie politique minimale, dès lors qu'elle s'accompagnerait d'une action de « dénazification ». Côté soviétique, celle-ci rima immédiatement avec l'élimination des classes dirigeantes bourgeoises et aristocratiques. Les Occidentaux eurent évidemment une attitude plus souple. Au-delà du processus exemplaire du Tribunal de Nuremberg, ils punirent eux-mêmes les responsables des actes de guerre contre leurs propres ressortissants. Mais ils laissèrent les autorités locales poursuivre les crimes et délits commis par des Allemands contre d'autres Allemands. C'était un choix habile qui obligeait l'Allemagne à assurer elle-même son rôle dans l'œuvre de dénazification. Pour une population qui avait été au minimum passivement complice des crimes nazis et qui ne s'était pas révoltée contre l'appareil du IIIe Reich, c'était une tâche pénible. Mais au moins cette méthode évita-t-elle que les puissances occupantes deviennent responsables de la répression et potentiellement boucs émissaires aux yeux d'une opinion qui aurait, le temps passant, accepté de plus en plus mal les punitions. Les Allemands furent-ils assez sévères vis-à-vis d'eux-mêmes ? Les nazis confirmés furent éliminés de la scène publique. Etait-ce suffisant ? Nul ne peut le dire, tant il est difficile de peser au trébuchet le niveau souhaitable d'épuration, comme les Français le savent bien.

Mais au-delà de la mise en cause des individus compromis, c'est en fait la réussite de la démocratie allemande qui fit œuvre, *a contrario*, de dénazification. Son rétablissement se fit dans un premier temps en s'appuyant sur les membres survivants des partis de la République de Weimar : communistes, sociaux-démocrates, catholiques du Zentrum, libéraux. Le processus tourna évidemment court à l'Est et déboucha rapidement sur un monopole communiste. A l'Ouest, une mécanique électorale se mit en place de bas en haut, des communes jusqu'aux länder. Les Américains et les Anglais étaient plus allants que les Français mais ceux-ci n'avaient d'autre choix que de suivre le mouvement. C'est, d'une certaine manière, l'Allemagne du Saint Empire qui se reconstituait avec une multitude de potentats locaux, en l'absence de pouvoir central. Choisie pour des raisons empiriques – désigner des responsables publics au plus près des exigences du terrain –, la démarche s'ancrait dans une tradition multiséculaire et fonctionna donc efficacement. Dans des pays historiquement centralisés comme la France ou l'Angleterre, elle n'aurait probablement pas réussi. Il faut, chez nous, un pouvoir au sommet qui puisse commander à ses préfets...

Les vainqueurs décidèrent de reconstituer les länder pour établir un niveau de responsabilité politique qui permettait aux Allemands de s'autogérer sous leur contrôle, sans préjuger de la forme ultime de l'Etat à reconstruire. Mais c'était, sans le vouloir explicitement, rattacher la nouvelle Allemagne à sa tradition historique. Du Saint Empire à l'Empire bismarckien et même jusqu'à la République de Weimar, cet émiettement du pouvoir était constitutif du peuple-nation. C'était la volonté de Hitler, d'ailleurs partiellement inaccomplie, de supprimer les länder au profit du pouvoir central qui allait à rebours de la tradition allemande. Cinq länder à l'est dans la zone soviétique, douze à l'ouest sous la tutelle des trois Occidentaux : les pièces du puzzle étaient en place. L'engrenage de la guerre froide fit le reste.

Une conférence des trois puissances occupantes de l'Ouest autorisa la convocation d'une assemblée constituante afin d'élaborer un texte créant une structure fédérale à partir des länder. Ce fut la Loi fondamentale adoptée le 8 mai 1949, quatre ans seulement après la capitulation du IIIe Reich. La peur de Staline avait rendu Américains, Anglais et Français aussi intelligents, à l'égard d'une Allemagne post-nazie qu'ils auraient pu être tentés de piétiner, qu'ils avaient été vindicatifs en 1919 vis-à-vis d'une Allemagne post-wilhelmienne que le bon sens aurait exigé de ménager. Pourquoi une Loi fondamentale et non une Constitution ? Afin de ne pas préjuger de l'organisation institutionnelle d'une Allemagne unifiée, une fois disparue la coupure entre l'Est et l'Ouest. Sage intuition qui permettra, quarante ans plus tard, après la chute du Mur, à l'unification de se faire par la simple adhésion des länder de l'Est à cette Loi fondamentale.

La nouvelle Allemagne se voulait authentiquement fédérale, avec une Fédération, le Bund, se limitant à quelques fonctions clefs – défense, monnaie, économie, affaires étrangères –, et une deuxième chambre, le Bundesrat, représentant les länder, dotée de pouvoirs importants. L'intention était de manière générale de laisser une grande autonomie aux länder. A certains moments de leur histoire, frustrés par l'émiettement institutionnel, les Allemands avaient rêvé d'un pouvoir central puissant. Le nazisme les en a dégoûtés à jamais. De ce point de vue, il n'existait pas de meilleur antidote que le fédéralisme. Quant au Bund, il fut construit de manière à éviter les vices constitutifs de la République de Weimar. Ni dyarchie président-chancelier, le premier n'étant plus élu au suffrage universel et jouant désormais un rôle symbolique. Ni instabilité gouvernementale : le chancelier ne peut être renversé que par un vote de « défiance constructive », c'est-à-dire avec l'élection d'un nouveau chef de gouvernement en même temps qu'est démis celui en place. Ni absence de normes supérieures à la loi, comme sous Weimar, avec au contraire la cour de Karlsruhe qui joue le rôle de Cour suprême. Si celle-ci avait existé en 1933, elle n'aurait eu d'autre choix que de censurer les législations d'exception nazies. Enfin, suprême habileté, la capitale de la République fédérale n'a pas été fixée à Francfort, siège historique de la Diète impériale, mais dans une ville balnéaire insignifiante, Bonn. Arrêté de manière à ne pas préjuger de la capitale d'une Allemagne un jour réunifiée, ce choix affichait une volonté presque ostentatoire d'humilité qui correspondait à la posture de modestie choisie par les dirigeants de la nouvelle République fédérale, Konrad Adenauer en tête.

Le désir de rédemption était en effet en surplomb de ce pouvoir allemand renaissant. Reconnaissants aux Occidentaux de leur avoir permis de retrouver si vite une identité politique, les responsables de droite et de gauche se voulaient des alliés exemplaires des Etats-Unis. Ils le furent sans discontinuer et furent payés en retour depuis le « Ich bin ein Berliner » de Kennedy, jusqu'au rôle moteur de George Bush Senior dans le processus de réunification. Mais la reconnaissance à l'égard des Etats-Unis dépasse la politique ; elle s'accompagne d'une admiration sans limite pour le mode de vie, la démocratie et les valeurs américaines. De là une imprégnation, par osmose, de la culture démocratique.

Corollaire de la fidélité à l'égard de l'Occident, l'anticommunisme était devenu aussi un marqueur identitaire de la République fédérale. Il rimait naturellement avec l'hostilité à une Union soviétique menaçante et avec la répulsion qu'inspirait le régime de la RDA. L'*Ostpolitik* de Willy Brandt ne changea pas ce sentiment collectif : elle répondait au principe de réalité et non à la moindre sympathie pour Berlin-Est. Combattre le système communiste, son absence de libertés civiques, son refus du suffrage universel, équivalait à un inlassable éloge de son inverse, la démocratie libérale. Staline et ses successeurs ont été, à leur corps défendant, des propagandistes des institutions démocratiques.

Dans cette conquête des réflexes libéraux, l'attitude de la République fédérale à l'égard du judaïsme est évidemment un élément fondateur. Joschka Fischer a déclaré que l'article 1, écrit à l'encre sympathique, de la

Loi fondamentale est l'existence d'Israël. Dès l'établissement de la République fédérale, Adenauer rechercha à la fois le rétablissement de liens avec la communauté juive mondiale et l'alliance d'Israël. Il utilisa le seul moyen à sa disposition, hormis les gestes de contrition : l'instrument financier. De là les réparations offertes aux victimes juives du nazisme et l'octroi d'une aide à Israël, à partir du moment où les juifs individuellement et Israël, comme Etat, se montraient disposés à accepter ces subsides. Cela n'alla pas de soi, tant les discussions furent vives dans le monde juif sur le principe même de telles réparations. Mais la dimension financière n'était qu'un élément du mea-culpa allemand.

Tous les responsables publics de la République fédérale s'en tenaient à une doctrine simple : même si l'Allemagne de Bonn n'était pas l'héritière du régime nazi, elle portait le poids de l'histoire allemande et donc l'héritage de la Shoah. D'où la volonté de reconstituer une communauté juive en Allemagne, en particulier après la chute du Mur, en accueillant à bras ouverts tous les juifs d'Union soviétique et des pays de l'Est désireux de s'installer en RFA, avec ce résultat paradoxal qu'il y a désormais plus d'immigrés juifs qui arrivent chaque année en Allemagne qu'en Israël. Mais aussi la volonté d'assumer symboliquement le passé, avec l'édification de l'immense monument de l'Holocauste au pied même du Reichstag. Ou encore le soutien sans faille à Israël, y compris lorsque le gouvernement de Jérusalem se laisse emporter vers sa droite. Et la capacité de la diplomatie allemande de jouer les intermédiaires au Proche-Orient, tant la RFA inspire confiance aux belligérants et au premier chef à Israël. Cette inlassable politique a beaucoup contribué au rétablissement du crédit moral de la nouvelle Allemagne.

Le miracle démocratique en cours depuis l'immédiat après-guerre reçut enfin la bénédiction du général de Gaulle. Même si les arrière-pensées stratégiques n'étaient pas absentes de la démarche du Général – entraîner Bonn dans une construction européenne plus autonome à l'égard des Etats-Unis –, celui-ci joua sa partition avec grandeur. La rencontre de Colombey, la symbolique de Reims, les hommages rendus à l'histoire allemande, les discours prononcés en allemand lors de son triomphal voyage outre-Rhin, le traité de l'Elysée – malgré le préambule proaméricain ajouté par le Bundestag : autant de gestes qui valaient un blanc-seing à l'égard de la nouvelle Allemagne, de la part du dernier ennemi du nazisme encore au pouvoir, et para-doxalement du seul vainqueur de 1945 qui avait milité pour l'éclatement du territoire allemand.

Dotée d'une Constitution intelligente, insérée au cœur de l'Occident, viscéralement anticommuniste, philosémite, réconciliée avec son ennemi historique, l'Allemagne va pousser le miracle plus loin : elle est désormais le pays le plus démocratique d'Europe.

4

Le pays le plus démocratique d'Europe

L es Français ne sont guère tocquevil-
liens. La démocratie se manifeste, à
leurs yeux, par l'existence du suffrage
universel et les libertés individuelles. L'in-
tensité des pouvoirs et contre-pouvoirs leur
est indifférente. Si celle-ci est, en revanche,
considérée comme le critère clef de la démocratie, l'Allemagne mérite la palme du pays
le plus démocratique d'Europe. Bien davantage que le Royaume-Uni, pourtant *alma
mater* de la démocratie parlementaire et
patrie de naissance de l'*habeas corpus*.

Le système politique allemand est incompréhensible aux yeux des hommes politiques
français ; ils imaginent que la mécanique
parlementaire fonctionne à l'instar de West-
minster et donc que le chancelier d'Allemagne a, peu ou prou, les mêmes pouvoirs
que le Premier ministre britannique. Il faut

au moins un an à tout nouveau président français pour comprendre le réseau de contraintes dans lequel évolue le chancelier. Ainsi de Nicolas Sarkozy qui arrêta de dire d'Angela Merkel, après une longue période de rodage, « elle ne veut pas », et se rallia à un « elle ne peut pas » plus exact.

La situation de l'actuelle chancelière n'est pas plus faible que celle de ses prédécesseurs. Elle subit d'abord la toute-puissance du Bundestag qui, en assemblée plénière ou en commissions, assure un suivi millimétré de l'action gouvernementale, auprès duquel l'action de l'Assemblée nationale française ressemble à celle d'une chambre consultative. Il lui faut, de surcroît, obtenir sur la plupart des textes le quitus du Bundesrat, la Chambre haute, aujourd'hui dominée par l'opposition. Comme le gouvernement a toujours été constitué à partir d'une coalition, la chancelière doit gérer une cohabitation permanente avec un partenaire gouvernemental toujours rétif qui a, en outre, avec le mécanisme de la défiance constructive, la possibilité de substituer une coalition à une autre sans avoir à subir le risque d'une dissolution. C'est la volte-face du parti libéral qui, en 1982, fit tomber Helmut Schmidt et amena au pouvoir Helmut Kohl. De là une capacité permanente de chantage du parti « junior » de la coalition. A la seconde cohabitation avec un Bundesrat mené par l'opposition, s'en ajoute une troisième, inévitable, avec les ministres-présidents des länder. Le fédéralisme allemand donne aux länder un rôle clef dans maints domaines, dont, au premier chef, l'éducation et les infrastructures. Considérés comme des rois dans leurs principautés – résidu de l'époque du Saint Empire – les grands barons régionaux ne sont pas des affidés, même quand ils appartiennent au parti dominant à Berlin. Attachés à leurs prérogatives, ils sont toujours en position de négociation avec le pouvoir central. S'ajoute enfin la tutelle de la cour de Karlsruhe qui, à l'instar de toutes les Cours suprêmes, se veut de plus en plus tatillonne et interventionniste, en particulier sur tous les sujets liés aux transferts de souveraineté vers l'Europe.

Prisonnière de la complexité du système politique, la chancelière ne peut jamais décider *ex abrupto*, à l'inverse de son partenaire, le monarque républicain français. Il lui faut discuter, négocier, convaincre, compromettre, reculer pour mieux avancer, surmonter une à une les réticences. Cela induit de la lenteur dans le processus de décision, une absence totale de surprise et, en général, des positions nuancées, voire mi-chèvre, mi-choux. Mais en contrepartie, les choix ultimes s'appuient sur un large consensus au sein de la classe politique et sont à l'abri des soubresauts que connaît, à cause de la toute-puissance du pouvoir exécutif, le système français. Les Occidentaux voulaient une Allemagne avec un pouvoir politique émietté et faible : ils ont réussi au-delà de leurs espérances.

Pouvoir et contre-pouvoir ne s'équilibrent pas seulement dans la vie politique mais aussi dans le monde économique. Conformément à l'esprit de compromis et de consensus, si caractéristique de l'Allemagne renaissante, Adenauer et le DGB – le syndicat domi-nant – établirent en 1951 une cogestion pari-taire dans les entreprises du charbon et de l'acier, patronat et syndicats se partageant, moitié-moitié, les sièges dans les conseils de surveillance. Le dispositif fut ensuite étendu à l'ensemble des grandes entreprises, à une différence près : dans la cogestion initiale, le président du conseil, issu du patronat, n'a pas de voix prépondérante ; dans la seconde il en dispose mais celle-ci s'assimile en fait dans les relations employeur-syndicats à la dissuasion nucléaire. La *Mitbestimmung* – la cogestion – est un système unique au monde qui suppose, chez les partenaires sociaux, un sens exceptionnel du compromis, sous peine de rendre les entreprises ingérables. Là aussi, comme dans la vie politique, l'obligation de compromettre induit de la lenteur, des voies de traverse, une gigantesque machine à « palabrer » mais, une fois acquis, le résultat est incontestable. C'est paradoxalement dans les entreprises françaises et non allemandes que prévaut le *Führerprinzip*. Les sociétés allemandes fonctionnant, de surcroît, au niveau du management, à travers un directoire, le patron est le plus souvent un *primus inter pares* et non un monarque absolu, à l'image du PDG français.

Avec une telle exigence de consensus dans les entreprises, les négociations globales entre patronat et syndicats ne peuvent que relever, elles aussi, de la même approche.

Elles ne proscrivent en aucun cas les grèves, à l'occasion du renouvellement des conventions de branches, mais celles-ci participent des codes de la vie sociale. Forts de tels dispositifs institutionnels, les syndicats ont des adhérents nombreux – jusqu'à 50 % des salariés dans certains secteurs –, sont puissants et riches, disposent d'actifs importants qu'ils gèrent à leur guise et constituent un pilier essentiel de « l'économie sociale du marché » sur laquelle est bâtie la République fédérale. Celle-ci est à l'économie ce que le fédéralisme est à la politique : le substrat d'un système équilibré dans lequel les dérapages sont proscrits.

La diversité des structures actionnariales au sein des entreprises constitue un facteur supplémentaire d'équilibre. Le poids des marchés financiers est en effet paradoxalement plus faible qu'en France. Ceux-ci ont été longtemps bridés par des liens capitalistes bâtis autour de la Deutsche Bank, d'Allianz et des autres institutions financières. Le culte de l'actionnaire a fini par corroder ces mécanismes incestueux et distendre ce réseau de participations croisées. Mais le capitalisme allemand n'est pas devenu, pour autant, l'appendice germanique de Wall Street. A côté des sociétés cotées, des entreprises clefs – Bertelsmann, Bosch, Thyssen, etc. – sont contrôlées, pour tout ou partie, par des fondations dont les revenus, tirés des dividendes versés par leurs filiales, servent à financer des œuvres d'intérêt général. Il en résulte, dans ces groupes, un sens du long terme différent de celui imposé par des actionnaires financiers le plus souvent étrangers. Quant à l'exceptionnel tissu d'entreprises moyennes – le célèbre *Mittelstand* –, il est dominé par un capitalisme familial ancré dans la durée. Ces actionnariats-là – fondations, familles – induisent des modes de gestion modestes et raisonnables, sans la fébrilité du capitalisme à l'anglo-saxonne. Ainsi l'économie allemande vit-elle dans le même univers de pouvoirs et contre-pouvoirs que le monde politique : le compromis est aussi naturel aux patrons, aux actionnaires et aux syndicalistes qu'à la classe politique.

La société civile participe, elle aussi, d'un jeu complexe de *checks and balances*[1]. Les

---

1. Pouvoirs et contre-pouvoirs dans la tradition institutionnelle anglo-saxonne.

Eglises jouent au premier chef un rôle essentiel vis-à-vis d'un peuple-nation façonné par le *cujus regio, ejus religio.* Elles furent de tous temps des institutions clefs de la société. Elles le demeurent. Financées par l'impôt cultuel – chaque contribuable choisit sur sa déclaration l'Eglise à laquelle va son impôt religieux, quitte pour les athées à cocher la case « aucune Eglise » –, elles sont économiquement puissantes. Aussi ont-elles la possibilité de soutenir une myriade de fondations, d'associations, de groupes qui gravitent autour d'elles et mènent une action visible en matière sociale, culturelle, morale, voire politique, fût-ce sans le proclamer. Ainsi le monde religieux pesa-t-il de son poids dans l'ascension, lors des années quatre-vingt, du mouvement pacifiste.

Mais nombre d'institutions et d'organisations areligieuses encadrent elles aussi la société civile. Moins individualiste que le Français, à l'aise dans les mouvements collectifs, l'Allemand se plaît à multiplier les adhésions et les actes militants. Des vagues successives d'enthousiasme et de militantisme en témoignent. Ainsi de la lame de fond pacifiste qui a submergé l'Allemagne au moment de la crise des euromissiles [1], et que François Mitterrand avait caractérisée d'une formule lapidaire – « Les fusées sont à l'Est, les pacifistes à l'Ouest ». Le pacifisme a mobilisé des associations innombrables, suscité d'immenses mouvements spontanés avec, en point d'orgue, dans ce pays qui n'a pas la culture française du défilé, des centaines de milliers de manifestants déferlant sur Bonn pour essayer, en vain, de faire fléchir Helmut Kohl. Même si, à l'époque, les pacifistes ont été défaits et les fusées Pershing installées, le pacifisme n'a pas cessé d'imprégner la société allemande. Fruit d'une mauvaise conscience collective aux lendemains du militarisme nazi, il s'est peu à peu mué en une *Weltanschauung* [2] qui vise à faire de la République fédérale un Etat militairement édenté, hostile à tout interventionnisme sur les terrains de guerre

---

1. En réponse à l'installation en RDA de fusées nucléaires SS 20 susceptibles d'atteindre le territoire de la République fédérale, les Occidentaux ont eu beaucoup de difficultés à installer à l'Ouest, au nom de l'équilibre de la terreur, des fusées américaines Pershing.

2. « Vision du monde », expression très usitée en Allemagne.

lointains, voué à une diplomatie de bons sentiments – une grosse Suisse sans le service militaire helvète.

Le raz de marée vert qui a submergé la société civile a coïncidé par moments avec le mouvement pacifiste, mais il vient de beaucoup plus loin. Le culte de la nature appartient à l'histoire allemande : il parcourt tout le XIXe siècle, imprègne le Reich bismarckien et inspire le régime nazi dont un des premiers textes antisémites hautement symbolique fut d'interdire aux juifs l'entrée dans les forêts domaniales. Nature, pureté, refus des nuisances industrielles : autant de thèmes qui se sont développés dans un étrange chaudron, avec d'un côté des fondamentalistes aux excès inquiétants, de l'autre des modérés, plutôt libertaires, en quête d'un nouveau modèle de croissance. Ainsi doté d'un spectre idéologique large, le mouvement vert s'est progressivement diffusé de la société civile vers le monde politique. Avec, au premier chef, le développement d'un parti vert qui s'est progressivement inséré dans le jeu national, au point de devenir un partenaire crédible de la coalition dirigée par Gerhard Schröder, de hisser sur le pavois un leader, Joschka Fischer, devenu une des personnalités allemandes les plus respectées dans le monde, et de glisser récemment vers une position politique si centriste qu'il pourrait devenir l'appoint de la droite modérée comme des sociaux-démocrates. Mais au-delà même de l'insertion des Verts dans le système, leurs thèmes se sont diffusés à travers l'ensemble de la classe politique. Faut-il que leur ombre portée soit intense pour qu'après la catastrophe de Fukushima, Angela Merkel décide de rayer d'un trait de plume l'industrie nucléaire allemande, au prix d'un conflit avec un monde patronal peu habitué à un tel interventionnisme gouvernemental.

La pression verte exercée par la société civile ne se limite pas à la question quasi mythologique du nucléaire. Il n'y a pas de constructions ou de projets d'infrastructures qui ne doive passer sous les fourches caudines des militants verts. La vie politique d'un land aussi important que le Bade-Wurtemberg est suspendue, depuis des années, au projet de réaménagement de la gare de Stuttgart. Quant au marché électrique allemand, il est secoué par l'extrême difficulté d'édifier les lignes à haute tension nécessaires pour acheminer le courant produit par les éoliennes de la mer du Nord vers les consommateurs bavarois ou badois.

Dans tous les pays occidentaux, la société civile exerce une pression « verte » sur les pouvoirs nationaux et locaux, mais celle-ci n'est nulle part aussi forte qu'en Allemagne. Sans doute parce que l'écologie plonge ses racines plus profondément dans l'idéologie nationale. Mais surtout parce que la société civile a davantage de leviers qu'ailleurs vis-à-vis du système politique, tant au niveau du Bund qu'à celui des länder.

Cette dialectique entre la société et la politique est un élément clef de la démocratie allemande. Elle est accompagnée par des médias vibrionnants et si différents les uns des autres. De *Die Zeit*, hebdomadaire de centre gauche auprès duquel *Le Nouvel Observateur* semble un journal grand public, à *Bild*, tabloïd vendu à 4 millions d'exemplaires ; du *Spiegel*, icône de la presse internationale d'investigation, immense *Mediapart*, la morale en prime, à *Focus*, un *Express* en plus vif ; des chaînes publiques de télévision détenues par les länder et plutôt mornes, aux chaînes privées portées par le réseau câblé le plus dense d'Europe, le pouvoir médiatique peut jouer sur toutes les touches du clavier, mais avec un point commun partagé par la presse élitiste autant que par les journaux populaires : une totale indépendance vis-à-vis des mondes politique et économique, une absence de conflits d'intérêts à la française ou à l'italienne, une éthique de contre-pouvoir. S'il est un pays continental où le monde médiatique est le quatrième pouvoir, c'est l'Allemagne. Ailleurs, quelques organes médiatiques servent souvent de feuille de vigne à la lâcheté ambiante ; en Allemagne, conscients d'un devoir que l'Histoire leur a enseigné, ils pratiquent tous, du plus chic au plus populaire, le doute méthodique, la méfiance viscérale à l'égard de toutes les formes de pouvoir. De là une profondeur donnée au débat public qui sert de caisse de résonance au fonctionnement démocratique.

Bardée de pouvoirs et de contre-pouvoirs, au point qu'aucune dimension de la société allemande n'y échappe – politique, économique, médiatique, culturelle – la démocratie allemande est vouée à un fonctionnement lent, sans anicroche, sans coup de boutoir, sans emballement, sans dérapage. Peut-être suinte-t-elle, de ce fait, l'ennui aux yeux de beaucoup. Qu'elle semble morne par rapport à l'improvisation italienne, aux fumerolles françaises, aux saillies britanniques ! Mais l'ennui est peut-être la quintessence d'un système démocratique accompli. Le modèle allemand ne réserve de surprise ni bonne, ni mauvaise, tant son fonctionnement est codé, lent, prévisible. Mais à défaut d'émoustiller et d'exciter, il s'impose, à coup sûr, comme la démocratie la plus accomplie d'Europe.

5

17 millions de pieds-noirs

———————————

Pour les Français, le retour en 1962 d'un million de pieds-noirs d'Algérie avait constitué une épreuve. Difficultés d'accueil, solidarité plus ou moins acceptée, séquelles politiques : autant de traces d'un certain mal-être face à l'arrivée brutale d'une population qui allait apporter néanmoins un surcroît d'énergie au pays. C'est avec ce souvenir à l'esprit que nous devons contempler l'incroyable opération qu'a représentée la réunification allemande. 17 millions de « pieds-noirs », moins dynamiques, moins productifs : tel a été le défi auquel la République fédérale a été confrontée.

La République démocratique allemande était, en fait, un « Etat Potemkine », à l'image de ces villages coquets et artificiels que Potemkine faisait construire sur le parcours de Catherine II de Russie. Pendant près de quarante ans, le monde a cru que l'efficacité germanique faisait de l'Allemagne de l'Est une puissance économique aussi bien gérée dans l'univers communiste que l'était l'Allemagne de l'Ouest au sein du monde capitaliste. Ce n'est qu'une fois le mur de Berlin abattu que la réalité est apparue : des statistiques économiques fausses, des usines à l'abandon, une productivité médiocre, un niveau de vie faible, une dépendance massive à l'égard de l'Union soviétique, une économie complètement comateuse. Ne fonctionnaient en fait en RDA que la Stasi et le système répressif, tels que *La Vie des autres* nous les a fait connaître.

Quand le Mur s'effondre, c'est cet « Etat Potemkine » que le monde entier découvre avec, dès lors, de lourdes interrogations sur la manière de rapprocher les deux Allemagne. Nul n'imagine alors que l'Allemagne communiste va, en fait, se dissoudre sous les yeux de l'Occident. Appliquant un principe de Bismarck qui lui est cher – « Lorsque Dieu arpente les sentiers de l'Histoire, il faut l'attraper par les bords de sa chemise » –, Helmut Kohl annonce alors ses « dix points », esquissant un processus de long terme respectueux de la RDA et donc synonyme d'un rapprochement graduel. Lui-même ne s'attendait pas à l'implosion du régime de Berlin-Est. Les élections libres de mars 1990 sont le linceul de la RDA ; elles manifestent le désir irrésistible d'union avec l'Ouest. Celui-ci était en germe dans les manifestations d'octobre 1989, lorsque les défilés changèrent de slogan et passèrent de « Wir sind das Volk » – nous sommes le peuple – à « Wir sind ein Volk » – nous sommes un peuple. Formidable résurrection du peuple-nation ! Mais un peuple ne signifie pas nécessairement un seul Etat. Si la RDA avait ressemblé à l'image fausse qu'elle avait donnée au monde, sans doute aurait-elle pu subsister plus longtemps au sein d'une confédération comme l'Allemagne en avait tant connue dans son histoire. Mais ce n'était qu'un Etat fantôme.

Dès lors que l'unification devenait une perspective à court terme, Kohl se vit confronté à plusieurs défis. D'abord obtenir l'agrément des quatre puissances occupantes. Les Etats-Unis furent immédiatement bienveillants, le Royaume-Uni de

Margaret Thatcher rétif. Quant à la France de François Mitterrand, elle fit contre mauvaise fortune bon cœur et donna son blanc-seing une fois reconnue la frontière Oder-Neisse, au grand dam des réfugiés de 1945. Gorbatchev ne pouvait, de son côté, espérer mieux que sauver les apparences.

Ensuite, fixer la parité d'échange entre le mark-ouest et le mark-est : c'était un immense enjeu symbolique et économique. Kohl fit prévaloir la logique politique sur le bon sens économique. Avec une parité d'un pour un, il n'humiliait pas les *Ossi*[1], leur offrant un pouvoir d'achat inattendu, mais il mettait en contrepartie les entreprises de l'Est en situation de survie artificielle, avec pour conséquence des restructurations drastiques. Il incitait de la sorte les habitants de l'Est à demeurer sur place et évitait un exode massif vers l'Ouest qui aurait déstabilisé la population de la RFA, l'aurait dressée contre les *Ossi* et aurait pu engendrer des mouvements politiques incontrôlables. Les accords salariaux auxquels poussait dans le même esprit le gouvernement de Bonn ne pouvaient

---

1. Allemands de l'Est.

qu'accentuer le phénomène. Aligner progressivement les rémunérations de l'Est sur celles de l'Ouest, à une décote de 20 % près, rendait le coût du travail incompatible avec la productivité de la main-d'œuvre. Absurdes économiquement, ces deux mesures étaient des gestes politiques. C'était choisir le consommateur est-allemand contre le producteur, passer l'appareil industriel de l'Est par pertes et profits et s'obliger à le reconstruire à coups de transferts massifs en provenance des länder de l'Ouest. Nul doute que les citoyens de l'Ouest étaient inconscients du fardeau qu'au nom de l'intérêt supérieur de l'Allemagne Helmut Kohl déposait sur leurs épaules.

Enfin, ultime choix : le processus juridique d'unification. Celui-ci pouvait se faire de deux manières. La Loi fondamentale de la RFA prévoyait de cesser d'être en vigueur le jour où le peuple allemand aurait décidé librement d'une nouvelle Constitution. Mais le même texte disait aussi dans son préambule que le peuple allemand réuni dans les länder de l'Ouest agit aussi pour le compte de ceux de ses membres auxquels la liberté de décider est déniée. D'où un article 23 qui prévoit la mise en vigueur de la Loi fondamentale dans d'autres parties de l'Allemagne, une fois que celles-ci ont accédé aux libertés fondamentales. Si la RDA n'avait pas implosé, la première voie aurait été plus naturelle. Une fois le régime de Berlin-Est balayé, la seconde approche était plus simple et moins traumatique : elle ne risquait pas aux yeux des Occidentaux de rouvrir l'éternelle question allemande.

Mais derrière le principe, que de difficultés pratiques ! Le traité d'unification, entré en vigueur le 3 octobre 1990, est un document de mille pages qui codifie, item par item, l'absorption d'un Etat de 17 millions d'habitants par un autre quatre fois plus peuplé.

Demeurait une question hautement significative : le choix de la capitale. Conserver Bonn, c'était envoyer au monde entier un signal selon lequel l'Allemagne unie voulait demeurer humble et n'envisageait pas un changement d'attitude. Privilégier Berlin, c'était ancrer la République fédérale dans l'histoire allemande et faire savoir au monde que l'Allemagne était de retour sur la scène internationale. La position d'Helmut Kohl a été décisive au moment du vote du Bundestag. Sa personnalité constituait le meilleur antidote face aux soupçons d'arrière-pensées nationalistes. Mais sans doute partageait-il au fond de lui-même certaines de ces angoisses pour se lancer dans la négociation de la monnaie unique et faire de celle-ci la garantie de l'ancrage à l'Ouest de la nouvelle Allemagne.

Quel incroyable chemin l'Allemagne a parcouru en onze mois, du 9 novembre 1989 au 3 octobre 1990 ! Elle a réalisé son unité et recouvré sa souveraineté entière sous les applaudissements du monde entier.

Mais le cap juridique passé, la nouvelle Allemagne se trouve face à une myriade de difficultés. La première est morale. Comment se comporter à l'égard des membres du système communiste, et surtout de son appareil répressif ? La sérénité du processus de rapprochement leur vaut-elle un quitus pour le passé ? Comment éviter que la population se venge des informateurs, espions et membres de la police qui l'ont fichée, surveillée, terrorisée ? Comment laisser s'exprimer la partie, fût-elle faible, de la population qui adhérait de bonne foi au communisme ? Quel arsenal juridique appliquer ? A peine sortie des complexités de l'épuration nazie, voilà la République fédérale confrontée à une situation au moins aussi difficile. Elle entame quelques procès : le chef historique de la RDA, Erich Honecker, pour des raisons d'exemplarité ; son ministre de la Sécurité, sur la base du meurtre de deux policiers berlinois... en 1932 ; quelques soldats qui ont tiré sur des fuyards tentant de franchir le Mur. Tous ces procès finissent en « eau de boudin » et, dans le même temps, le successeur d'Honecker se fait élire au Bundestag sur les listes présentées par l'ancien parti communiste !

Autre complexité : peut-on juger les espions est-allemands envoyés à l'Ouest et décorer les espions ouest-allemands en fonction à l'Est ? A chaque fois, les processus judiciaires se terminent par des cotes mal taillées, et en fait par une quasi-amnistie, au nom de la paix civile. La question de la Stasi a été beaucoup plus délicate, tant le système d'espionnage a plongé loin au sein de la société est-allemande. L'ouverture des dossiers représentait un risque, tel citoyen découvrant que son voisin ou son ami était un délateur. Mais la démocratie exigeait que l'opération soit tentée. Cet incroyable déballage de « linge sale » s'est finalement réalisé sans drame, vengeance, ni représailles. Rien n'a témoigné davantage du calme et de la maturité des Allemands de l'Est, désormais citoyens de plein exercice de la République fédérale.

Autre difficulté : reconstituer dans les cinq länder une administration sans passer sous les fourches caudines des fonctionnaires du régime de Berlin-Est si désireux de se présenter comme indispensables. Là aussi, les administrations de l'Ouest eurent la main légère. Hormis les cas extrêmes de technocrates très compromis avec le régime communiste, la plupart des employés publics furent réembauchés et soumis à des stages de formation au fonctionnement des bureaucraties occidentales. C'était naturellement vis-à-vis du monde éducatif et universitaire que la situation était la plus délicate : un professeur ne se jauge pas à l'instar d'un employé des ponts et chaussées. Mais, à quelques exceptions près, les enseignants gardèrent leur emploi, à charge pour eux d'enseigner dans le cadre d'une démocratie libérale, sans être trop influencés par leur passé. Les länder de l'Ouest n'avaient pas, de toute façon, les moyens de détacher des fonctionnaires et des enseignants en nombre suffisant pour prendre en charge les tâches accomplies par leurs collègues de l'Est. De là la stabilité du système administratif.

Difficulté toujours : la privatisation des entreprises et la restitution de leurs biens aux propriétaires spoliés. Une administration, la *Treuhandanstalt*, a été en charge de conduire la gigantesque opération de privatisation. A la différence des processus opaques menés dans les anciennes démocraties populaires et en Russie, elle a agi dans la transparence et le respect de procédures classiques en économie de marché. Il en résulte une absence miraculeuse d'accusations de corruption et de détournements alors que la *Treuhand* a vendu des milliers d'entreprises, grandes ou petites. Quant aux restitutions, elles demeurèrent exceptionnelles, les pouvoirs publics préférant la voie de l'indemnisation, moins perturbatrice pour le retour à la normale de la vie économique. Comme toujours, la démarche provoqua d'innombrables frustrations individuelles mais celles-ci ne se coagulèrent pas en un mouvement de masse. La maturité collective prévalut une fois de plus.

Mais les difficultés majeures furent évidemment macroéconomiques. Sans doute le gouvernement fédéral sous-estima-t-il les conséquences du double choix – parité du mark, alignement relatif des salaires. Même les entreprises est-allemandes les moins mauvaises furent prises à contre-pied, avec un coût du travail trop élevé au regard de leur productivité et une parité monétaire pénalisante pour vendre à l'Ouest. Il fallait, dès lors, non seulement reconstruire à coups de milliards les infrastructures, mais aussi attirer massivement des investissements en provenance des länder de l'Ouest et de l'étranger pour rebâtir un appareil industriel moderne. Les dépenses publiques dépassèrent toutes les prévisions et les taux d'intérêt durent être portés à des niveaux très élevés pour canaliser l'épargne allemande et internationale vers la reconstruction de l'Est. C'était un fardeau au-delà des moyens de l'économie allemande, si prospère fut-elle. Aussi, entre les prélèvements fiscaux supplémentaires et l'envolée des taux, le dynamisme économique s'érodat-il, au point qu'en 2002 *The Economist* pouvait titrer : « l'Allemagne, l'homme malade de l'Europe ». Mais ce passage à vide n'avait d'autre origine que le poids de la mise à niveau des länder de l'Est. Ce n'était pas le modèle allemand qui s'effondrait, mais le coût de la reconstruction de l'ex-RDA qui avait dépassé toutes les prévisions et était trop lourd.

Compte tenu du prix à payer par les citoyens de l'Ouest – les *Wessi* –, des tensions plus grandes auraient pu apparaître entre eux et les *Ossi*. Les relations n'ont certes pas été idylliques, les premiers s'estimant tonsurés et les seconds maltraités. Avec de surcroît des mémoires collectives différentes, des éducations éloignées, des réflexes individuels tellement différents, les ingrédients d'un affrontement étaient en place. Celui-ci ne s'est pas produit, les tensions entre citoyens de l'Ouest et de l'Est ne dépassant pas celles entre Italiens du Nord et du Sud, ou entre Flamands et Wallons.

Il n'y a pas de meilleure preuve de cette tempérance collective que l'absence d'extrémisme politique. D'aucuns avaient craint une flambée d'extrême droite, à l'Ouest pour protester contre le prix à payer de l'unification et à l'Est comme dérivatif au malaise provoqué par l'imposition forcée des valeurs libérales. Rien de tel ne s'est produit : aucun parti néonazi n'est apparu et aucune force populiste du type flamingant ou finlandais ne s'est imposée sur la scène politique. C'est du côté de l'extrême gauche qu'est venue la surprise. L'ancien parti communiste est-allemand a réussi à fédérer les nostalgiques de la RDA et à cristalliser les frustrations d'une partie de la population. Cela lui a permis d'être représenté au Bundestag au titre des länder de l'Est. Mais il s'est vite embourgeoisé, au point de représenter l'aile modérée au sein de Die Linke, mouvement résultant de sa fusion avec les dissidents du SPD emmenés par Oskar Lafontaine. Son Président, Gregor Gysi, pourtant dernier secrétaire général du PC est-allemand au moment de l'unification, est devenu un personnage respecté de la vie parlementaire de la République fédérale.

L'unification a donc été en moins d'un quart de siècle un fantastique succès. Quels en ont été les ressorts profonds, indépendamment de l'éblouissante intelligence politique dont Helmut Kohl a fait preuve pour chevaucher les événements de l'automne 1989 ? La richesse économique de la République fédérale a représenté un atout majeur. La souplesse du système institutionnel et en particulier la Loi fondamentale ont permis de mener sans secousse une démarche d'une incroyable complexité politique. Mais la maturité des deux sociétés civiles de l'Ouest et de l'Est fut encore plus décisive. Si celles-ci avaient pris le mors aux dents, riche ou non, souple ou non, la République fédérale n'aurait pas réussi à absorber ses 17 millions de « pieds-noirs ». Cette maturité est la meilleure illustration de l'exceptionnelle réussite démocratique de l'Allemagne de l'après-guerre.

6

Une Allemagne européenne
et non une Europe allemande

———————

La question allemande ne disparaît pas avec l'engloutissement du IIIe Reich. Elle est le produit de la géographie : la place de l'Allemagne détermine l'équilibre de l'Europe. Héritier de la politique tsariste, Staline ne s'y est pas trompé, qui faisait inlassablement miroiter aux Allemands la perspective de la réunification, en échange de la démilitarisation et de la neutralité d'une nouvelle Allemagne. Vu de Moscou, transformer l'Allemagne, fût-elle réunifiée, en une immense Finlande aurait été une fantastique victoire, faisant du Rhin la frontière orientale de l'Alliance atlantique. Le piège était si grossier que nul n'y a cédé, ni en République fédérale, ni chez ses alliés occidentaux.

Mais au fil du temps, la manœuvre soviétique a gagné en subtilité. Consciente de la

puissance des mouvements pacifiste et éco-
logique qui agitaient, en RFA, l'opinion
publique, Moscou a essayé de pousser dans
un premier temps à une neutralisation de fait
de l'Allemagne occidentale. Il ne s'agissait
plus de brandir des objectifs inatteignables
– sortie de la République fédérale de l'OTAN,
réunification suivant un modus operandi
soviétique – mais de créer à son profit une
situation favorable, en transformant la RFA
en maillon faible de l'Alliance atlantique.
C'est évidemment avec cet objectif à l'esprit
que Moscou s'était engouffré dans l'*Ostpolitik* du chancelier Brandt, mais à rebours des
suspicions que suscitaient ses initiatives chez
ses alliés, celui-ci ne s'est jamais fait piéger.

L'épisode SS 20 *versus* Pershing a corres-
pondu à une tentative beaucoup plus habile
de la part des Soviétiques : il ne s'agissait
plus de rechercher un accord politique mais
de jouer sur l'angoisse de la population allemande à l'idée d'une guerre nucléaire.
A défaut d'une finlandisation inscrite dans
des traités internationaux, c'est une finlandisation des esprits que voulaient susciter
les Soviétiques. Ils ont été très proches du
succès. Si les Allemands avaient refusé aux

Américains le droit d'installer sur leur sol des fusées Pershing, de manière à répondre à la menace des SS 20, ils auraient accepté un déséquilibre au profit des Soviétiques et se seraient mis en situation de dépendance par la peur. La finlandisation se serait imposée d'elle-même. La classe politique allemande, Helmut Kohl en tête, a su résister à cette tentation, avec le soutien inestimable, sur ce sujet, de François Mitterrand.

Avec la chute du Mur, la question allemande change de nature. Le risque d'aliénation vis-à-vis des Soviétiques disparaît, alors qu'apparaît un choix beaucoup plus traditionnel : quelle place pour l'Allemagne au centre de l'Europe ? Il était, à l'époque, fascinant d'écouter les différences de tonalités dans les discours des trois principaux dirigeants de la RFA. Né en Prusse orientale, le président de la République, Richard von Weizsäcker, donnait une importance primordiale à la qualité des relations avec l'Est, et en particulier avec la Russie. Le ministre des Affaires étrangères, Hans-Dietrich Genscher, était saxon, et son cœur battait pour la *Mitteleuropa*. Quant à Kohl, rhénan, il affirmait la nécessité de maintenir

l'ancrage européen de la nouvelle Allemagne à l'Ouest. C'est toute la diversité allemande qui se manifestait dans ces nuances.
Une Allemagne enserrée entre le Rhin et
l'Oder ne pouvait voir l'Europe comme
l'Allemagne de Bonn, coincée entre le même
Rhin et l'Elbe.

Même si elle n'a jamais été énoncée aussi
crûment, l'alternative était limpide. Soit une
Allemagne toujours exemplairement démocratique, mais devenue le centre de l'Europe,
pont entre l'Ouest et l'Est, cœur d'une
Europe élargie avec un grand marché allant
de Brest à Brest-Litovsk, aux structures
faibles. C'est une sympathique Europe allemande qui se serait progressivement mise
en place. Soit une Allemagne, identique en
termes démocratiques, mais qui renforce
son ancrage dans l'Union européenne,
continue à faire de la construction communautaire sa boussole, et entraîne vers l'Ouest
les anciennes démocraties populaires. C'est
cette voie-là que les élites allemandes ont
choisie.

Le traité de Maastricht en est l'applica-
tion naturelle : l'euro a vocation à servir de
« ceinture de sécurité » pour l'ancrage à

l'Ouest de la nouvelle RFA. Kohl l'a d'ailleurs proclamé, expliquant que la monnaie constituait le gage d'une Allemagne européenne et le refus d'une Europe allemande. Sans doute ce Rhénan se méfiait-il viscéralement de toute résurrection du *Drang nach Osten* – la marche vers l'Est – qui a pesé si lourd dans l'histoire de son pays. Les Européens de l'Ouest ont sous-estimé la force de ce choix et l'extrême sacrifice que représentait l'abandon du deutschemark sur l'autel de la construction européenne : c'était le symbole de leur résurrection réussie dont les Allemands faisaient cadeau à leurs partenaires, la France en tête.

Ayant réaffirmé l'ancrage européen de la nouvelle Allemagne, Kohl n'a eu de cesse d'admettre le plus vite possible dans l'Union les anciennes démocraties populaires, au nom d'un raisonnement marqué au coin de la géographie politique du passé : faire en sorte que la frontière orientale de l'Europe ne soit pas la frontière allemande mais la frontière polonaise, comme si la Pologne devait servir de glacis occidental vis-à-vis de la Russie. Etonnante réminiscence des fantasmes et des angoisses d'autrefois !

Si l'extension vers l'est de l'Union européenne s'était réalisée sans instauration de l'euro, celle-ci serait devenue, *nolens volens*, une Europe allemande, car la République fédérale en aurait naturellement été le poumon. Arrimée à l'ouest du continent par l'euro, elle a su résister à ce tropisme. S'ajoutait sa relative faiblesse économique, compte tenu du fardeau de l'unification qui ne la poussait pas à exercer un quelconque leadership.

Le formidable redressement de l'économie germanique à la suite des réformes de « l'agenda 2010 » et la crise de l'euro ont fait ressurgir l'éternel débat Allemagne européenne ou Europe allemande. Celui-ci n'est toujours pas tranché dans l'esprit de maintes opinions publiques au sein de l'Union, alors que la République fédérale a pourtant marqué, ces dernières années, que son choix demeurait celui d'une Allemagne européenne.

C'était un pur fantasme d'imaginer, comme tant l'ont fait au moment de la crise grecque, que Berlin pouvait envisager la mort de l'euro. La morale et l'intérêt s'y opposaient. Aucun chancelier ne prendra la responsabilité de détruire la construction européenne. Or l'onde de choc que repré-senterait la disparition de l'euro signifierait la fin de l'Europe. Imaginer qu'un tel événe-ment puisse se gérer dans la quiétude et la recherche élégante de solutions alternatives est absurde. Chacun sait bien que la destruc-tion de l'euro entraînerait une crise majeure en Europe et dans le monde, des opinions publiques incontrôlables, des tensions inter-nationales. Elève modèle de la communauté mondiale, l'Allemagne en prendrait-elle la responsabilité ? Les dirigeants allemands sont trop prudents et trop pénétrés des souvenirs du passé pour entraîner à nouveau le monde dans l'aventure, même si celle-ci était, au moins dans un premier temps, économique et non militaire.

Mais les Allemands n'ont, de surcroît, aucun intérêt à une telle explosion. Ils savent qu'un « euro-deutschemark », c'est-à-dire l'euro d'une Europe du Nord réunie autour de l'Allemagne, serait infiniment plus cher vis-à-vis du dollar. Avec une parité contre le dollar de 1,5 à 1,7 (contre 1,3 aujourd'hui), l'industrie allemande connaîtrait les mêmes difficultés que l'industrie helvète du fait de l'ascension du franc suisse. Ses exportations extra-européennes seraient compromises et ses débouchés en Europe du Sud amoindris par la violente récession que la sortie de l'euro imposerait aux « pays du Club Med ». En fait, la méfiance qu'inspire aux investisseurs la présence des pays périphériques au sein de l'euro tire celui-ci vers le bas et avantage l'économie du pays le plus exportateur, c'est-à-dire l'Allemagne. Les élites politiques et économiques d'outre-Rhin en sont parfaitement conscientes. Quand la morale et l'intérêt coïncident, les choix deviennent limpides... On pourrait même pousser la démonstration un pas plus loin. Les prêts faits aux pays en difficulté par le Fonds de stabilisation européen sont accompagnés de taux d'intérêt infiniment supérieurs à ceux auxquels le Trésor allemand se refinance. Aussi longtemps que les prêteurs publics ne sont obligés à aucun abandon de créance, le budget de la RFA encaisse même un profit dans l'opération ! Cet argument-là est certes suffisamment inavouable, et peut-être temporaire, pour que les responsables politiques osent l'utiliser.

Pourquoi, dans ce contexte, autant de doutes sur la volonté d'une Allemagne européenne de préserver l'euro ? C'est une question de préjugés de la part de ceux qui, indécrottables, traquent l'inévitable résurgence de l'impérialisme allemand. C'est aussi une affaire de méthode. Angela Merkel est devenue européenne par la raison plus que par le cœur. Aux yeux d'une enfant des länder de l'Est, la construction européenne est moins naturelle que pour un Rhénan ou un Badois : celle-ci n'appartient ni à son histoire personnelle, ni à sa géographie affective. Ce sont donc les faits qui ont façonné le choix européen de la chancelière. De là, de sa part, une absence totale de romantisme et d'émotion pour accompagner sa politique, à la différence des pères fondateurs, d'Adenauer jusqu'à Kohl. Elle agit davantage qu'elle ne proclame, elle « délivre » – comme disent les Américains – davantage qu'elle n'affiche. Affaire de tempérament, cette démarche prudente est aussi destinée à éviter un choc avec une opinion à laquelle les tabloïds ne donnent aucune démonstration rationnelle de l'intérêt que la RFA trouve dans l'existence et la pérennité de l'euro.

Les contempteurs de l'Allemagne affirment par ailleurs que celle-ci n'est disposée à sauver l'euro qu'à condition de voir les pays européens en difficulté accepter, fût-ce à leur corps défendant, le modèle de gestion à l'allemande, bien qu'il ne soit pas conforme à leurs traditions. C'est en fait une fausse querelle. Qui a mis la dette des pays périphériques sous pression ? L'Allemagne ? Nenni : ce sont les marchés qui ont fait s'envoler les taux des dettes italiennes, espagnoles, portugaises. Quelles étaient leurs attentes ? Des efforts de compétitivité industrielle, un contrôle des déficits publics, un redressement du système bancaire.

Berlin n'a été que le greffier des marchés. Et encore l'a-t-il fait avec doigté. Le discours a été plus rude que la pratique, afin de répondre aux angoisses d'une opinion publique allemande affolée à l'idée de devoir faire pour les pays du Sud le même effort que pour les länder de l'Est il y a vingt ans. De là le refus du gouvernement de Berlin de voir naître des eurobonds qui, mutualisant l'ensemble des dettes européennes, auraient entraîné des transferts financiers massifs vers le Sud. La position française est, sur ce sujet, hypocrite : officiellement, elle soutient les eurobonds ; officieusement, elle tient compte du fait que leur introduction renchérirait le coût de financement de la dette de la France.

Dans le processus de sauvetage de l'euro, Berlin a toujours été plus empirique que son discours ne le laissait paraître. Ainsi, au moment où Mario Draghi a fait sa proposition décisive pour contrôler les taux d'intérêt des pays périphériques – le jumelage, intervention du Fonds de stabilisation, achats sans limite par la Banque centrale d'obligations sur le marché secondaire –, Angela Merkel n'a pas endossé la position de la Bundesbank. Alors que celle-ci s'exprimait autrefois *ex cathedra* au nom de « Germany Inc. », elle est devenue une voix parmi d'autres. Entre l'approche de la Bundesbank et celle de la BCE exprimée par le membre allemand de son directoire, le gouvernement de Berlin s'est gardé de trancher. Ne plus être le gardien de la doctrine, révéré par tous, est pour le président de la Bundesbank une formidable *diminutio capitis*. Chacun, au sein de l'Allemagne institutionnelle, le sait. Nul ne l'a publiquement proclamé : on tue discrètement les « vaches sacrées », on ne s'en vante pas...

Ainsi, entre le premier plan d'aide à la Grèce et le second, entre la création du premier Fonds d'aide provisoire et le Fonds de stabilisation permanent, entre les premiers achats limités d'obligations italiennes et espagnoles par la BCE et l'engagement illimité de Mario Draghi, Berlin a-t-il donné son aval, fût-ce *mezza voce*, à toutes les mesures de sauvetage de l'euro. L'Allemagne s'est voulue exemplairement européenne, même si elle l'a fait subrepticement.

D'aucuns prétendront qu'elle traîne en revanche les pieds pour la mise en place de l'union bancaire. C'est vrai et la raison en est si inavouable qu'elle ne peut le reconnaître. Les caisses d'épargne d'outre-Rhin seraient en bien plus mauvaise situation que leurs alter ego espagnoles, si leurs bilans n'avaient été temporairement sauvés par les plus-values que la baisse des taux leur a permis de faire sur les bons du Trésor allemands détenus dans leurs caisses. Chacun sait à Berlin que le secteur n'échappera pas à une restructuration drastique, mais la classe politique n'a aucune envie de voir l'opération-vérité menée par la Banque centrale européenne, tant le fonctionnement des

Sparkassen touche aux mécanismes les plus opaques et les moins vertueux de la vie publique en RFA. Il ne s'agit donc pas, de la part de M. Schäuble, d'un choix de souveraineté contraire à son propre engagement pro-européen, mais de la volonté, politiquement naturelle, de « laver son linge sale en famille ».

Le procès en sorcellerie fait à l'Allemagne en Grèce, en Espagne ou au Portugal, les comparaisons indignes avec la période nazie, les caricatures des casques à pointe, les références à Bismarck, les résurgences d'anti-germanisme : autant de dérapages que les Allemands sont les plus mal placés pour combattre. C'est à leurs partenaires et en particulier au plus important d'entre eux, la France, de se porter sur la ligne de front médiatique et de donner leur caution morale au gouvernement de Berlin. Encore ce devoir de solidarité supposerait-il que leurs responsables publics ne jouent pas subliminalement et par démagogie avec les mêmes thèmes. L'attitude, à cet égard, d'une partie de la classe politique française, droite et gauche réunies, est dévastatrice. Elle traduit un mélange d'hypocrisie et de cécité. C'est à nous de dire que la RFA est restée fidèle à la ligne choisie par Helmut Kohl, et validée au moment de l'unification, puis de Maastricht, par François Mitterrand : une Allemagne européenne afin d'éviter les dangers d'une Europe allemande.

7

Un mercantilisme efficace

L'Allemagne est mercantiliste depuis le *Zollverein*, l'union douanière qui fut le premier pas, au XIXᵉ siècle, vers l'unité allemande. Son modèle est le seul au sein du monde capitaliste à avoir traversé l'histoire. La France a été obligée de répudier, sous la pression du libre-échange, son colbertisme ; le Royaume-Uni a remplacé la rente impériale par la spécialisation financière ; les Etats-Unis ont vu leur centre de gravité basculer de l'industrie traditionnelle de l'Est vers la haute technologie de l'Ouest. L'économie allemande a, elle, appliqué la vieille devise du prince de Lampedusa dans *Le Guépard* : « Il faut que tout change pour que tout reste pareil. »

Ce modèle a traversé l'Empire wilhelmien, la République de Weimar, le nazisme, l'après-guerre, le choc de la réunification, la mondialisation contemporaine. Il s'est épanoui dans les années d'après-guerre, à travers les principes de l'économie sociale de marché dont Ludwig Erhard a été le hérault. Des grandes entreprises diversifiées, appuyées sur une base industrielle solide avec une vocation mondiale : les grands *Konzerns* se sont perpétués après guerre, même si en théorie leur démantèlement constituait un prix à payer pour leur trop grande proximité avec le régime nazi. Des entreprises familiales de taille moyenne – le *Mittelstand* – susceptibles de prospérer à l'abri des grands joueurs et aussi tournés qu'eux vers les marchés internationaux. Une spécialisation du système industriel sur des créneaux haut de gamme peu sensibles à la guerre des prix, de sorte que le « made in Germany » se vend suffisamment cher pour offrir des salaires élevés à une main-d'œuvre hyper-qualifiée. Une culture de la recherche-développement qui irrigue l'ensemble du monde productif. Une organisation du travail dans laquelle le goût de l'ordre des Allemands s'exprime avec bonheur. Un consensus social, incarné par la cogestion, qui évite aux usines de servir de terrain de jeu à la lutte de classes. Une politique de la concurrence marquée par le respect du producteur et qui, à la différence du monde anglo-saxon, ne fait pas de la satisfaction du consommateur l'alpha et l'oméga de sa jurisprudence. Un Etat enfin, qui, sous couvert du refus d'un interventionnisme à la française, mène une politique favorable aux entreprises. Il le fait en premier lieu en leur assurant un contexte de stabilité. Celle-ci s'applique aux prix, tant le souvenir de l'hyper-inflation des années vingt a pesé sur la conscience collective des Allemands. D'où le rôle cardinal de la Bundesbank et l'exigence, au moment du traité de Maastricht, que la Banque centrale européenne s'installe à Francfort – choix hautement symbolique –, ait le même mandat anti-inflationniste que la Bundesbank et en soit *de facto* le clone.

Mais la stabilité vaut aussi pour l'environnement réglementaire et fiscal. Celui-ci est, dans ce pays de juristes, au moins aussi pesant qu'en France, mais il a la chance d'échapper aux grands coups de godille et aux volte-face si nombreux de ce côté-ci du Rhin. Plus essentielle encore, la volonté jamais démentie des pouvoirs publics de ne pas faire peser sur les entreprises des charges qui relèvent normalement du salarié et du consommateur. De là, d'une part un niveau de charges sociales patronales significativement inférieur aux chiffres français, d'autre part des tarifs électriques certes dispendieux pour les particuliers mais légers pour les entreprises. Alors qu'en France la rente nucléaire a été distribuée aux consommateurs individuels davantage qu'aux professionnels, les entreprises allemandes paient leur électricité le moins cher possible puisque les consommateurs, en fait, les subventionnent. Décidée pour de purs motifs politiques, la suppression du parc nucléaire va néanmoins aller à rebours de cette politique de bon sens.

Une action aussi cohérente ne survit à travers le temps que portée par une idéologie. Celle-ci est simple : les entreprises sont l'instrument de la prospérité. C'est un diagnostic partagé par l'ensemble des responsables – politiques, patrons, syndicalistes, leaders d'opinion –, à mille lieues des psalmodies françaises sur les bienfaits ou non du marché. Mais c'est aussi une posture différente du culte américain de l'entrepreneur et du mythe anglo-saxon de la création de valeur. Si une économie échappe à la domination de la finance, c'est bien l'allemande. Le système financier se contente de canaliser une épargne nationale très abondante, contrepartie de la prudence et des mauvais souvenirs de la population, vers le secteur productif. Il ne tourne pas sur lui-même au nom de la maximisation du profit, contrairement à ses collègues américains ou anglais.

La Deutsche Bank et Allianz ont certes joué, jusqu'à ces dernières années, un rôle clef dans le contrôle capitalistique des grandes entreprises d'outre-Rhin. Avec des participations assez significatives et des croisements de capital très endogames, elles ont, l'une et l'autre, assuré la stabilité du monde industriel allemand. Mais il s'agissait davantage de nœuds de pouvoir que d'un ascendant des critères financiers sur le mode de gestion industriel. Cette organisation a volé en éclats, comme dans d'autres pays, sous la pression des investisseurs internationaux.

Délesté de ses oripeaux de pouvoir industriel, le système financier est apparu tel qu'il est : faible. Une banque privée, la Deutsche Bank, qui n'a plus d'allemand que son nom.

Une seconde banque privée, la Commerz-bank, dans un état comateux, en quête de capital pour remplir les nouvelles exigences réglementaires. Des banques régionales, les *Landesbanken*, sous la tutelle des länder et presque toutes en faillite. Des caisses d'épargne avec une part de marché majeure dans la collecte des dépôts, mais gérées de manière si laxiste qu'elles ont probablement les plus mauvais coefficients d'exploitation d'Europe et sont affaiblies par des sureffectifs massifs. L'Allemagne n'évitera pas, dans ces conditions, une restructuration brutale du secteur bancaire. Celle-ci passera par un soutien public mais le gouvernement de Berlin en a évidemment la capacité financière. Le monde des assurances est moins mal en point, mais si Allianz va bien, elle le doit essentiellement à son dynamisme international.

L'exemple allemand apporte une démonstration à rebours de la vulgate ambiante : une économie va bien si elle a une industrie puissante et peut, en revanche, s'accommoder d'un système financier médiocre. C'est l'inverse du modèle britannique dans lequel l'excroissance de la finance crée, en fait, une gigantesque zone offshore dont la réussite n'irrigue pas le reste de l'économie. Leçon que tous les tenants de l'âge post-industriel et des économies sans industrie devraient méditer. L'économie allemande fonctionnait, jusqu'à l'unification, à l'instar de ces mécaniques de précision dont son industrie s'est fait une spécialité : discrète, efficace, sans incident ni à-coups.

Elle a en revanche vacillé sous le choc que représentait l'absorption des länder de l'Est. La disparition du communisme dans les ex-démocraties populaires de la *Mitteleuropa* était certes une chance. Elle offrait aux entreprises allemandes un *hinterland* bienvenu. C'étaient pour elles des marchés nouveaux et surtout la possibilité de disposer à deux heures d'autoroute de Stuttgart de travailleurs quasi allemands avec, une fois mis à niveau, une productivité équivalente, mais payés au même tarif que les Tunisiens... Formidable atout qui a entraîné une délocalisation de l'appareil de production vers la Pologne, la Tchéquie, la Slovaquie... C'était substituer le label « german quality » au traditionnel « made in Germany ». Aucun concurrent des grandes entreprises allemandes n'a bénéficié, à ce point, de cette opportunité : les Européens ont tous pris le chemin de ces pays mais ils n'ont eu ni la même familiarité que les industriels allemands avec ces contrées, ni l'avantage physique de la mitoyenneté. Les länder de l'Est ne pouvaient offrir aux *Konzerns* de l'Ouest la même opportunité, compte tenu des accords sociaux qui avaient abouti à un relatif alignement des salaires des *Ossi* sur ceux des *Wessi*. Entre construire une usine à Dresde ou une à Łódź, l'écart était abyssal : il correspondait à la différence entre un salaire occidental et un salaire du tiers-monde. Voilà pourquoi la réindustrialisation a été paradoxalement plus rapide dans les ex-démocraties populaires que dans l'ex-RDA.

Hormis les nouveaux marchés de consommation financés dans les cinq länder de l'Est par des transferts budgétaires en provenance de l'Ouest, les entreprises allemandes n'ont rien gagné à l'unification. Elles ont au contraire pâti de la dégradation du contexte macroéconomique. Des taux d'intérêt élevés, une pression fiscale accrue sur le monde productif, une demande finale obérée par les hausses d'impôts sur les particuliers, une économie affaiblie. Preuve de ce déclin : l'Allemagne avait, lors de l'entrée dans l'euro, un retard de compétitivité de 10 % sur une France rétablie grâce à quinze ans de « désinflation compétitive ».

L'écosystème heureux dans lequel se mouvait l'industrie allemande était chancelant. Baisse de la croissance, difficultés à l'exportation, déficit public, chômage massif : le moteur de l'Europe était en panne. Dans un premier temps, le gouvernement Schröder s'est comporté, face à cet environnement très français, « à la française » : il a cherché à s'exonérer des contraintes et à ruser avec les réalités en s'affranchissant, avec l'aide de Jacques Chirac, désireux de profiter de l'aubaine, des exigences du pacte européen de stabilité et de croissance. Mais cette fuite en avant était une impasse.

Proche du monde industriel dont il comprend le mode de fonctionnement, une fois réélu, le chancelier s'est jeté à l'eau avec l'agenda 2010. Celui-ci était bâti sur des principes simplissimes : rétablir l'environnement économique, mettre les entreprises à l'abri et leur permettre de reprendre leur course en avant. Il ne s'agissait donc pas de changer le modèle allemand, de renoncer à sa dynamique mercantiliste, de s'aligner sur la philosophie anglo-saxonne plus capitaliste et plus financière. L'objectif était de rétablir de façon saine les fondements de l'économie sociale de marché. D'une part une réforme du marché du travail avec les lois Hartz : obligation pour les chômeurs d'accepter une offre d'emploi, création de « mini jobs » à 400 euros mensuels, limite à un an des allocations chômage pour les travailleurs âgés, fusion des allocations chômage et de l'aide sociale. D'autre part une réforme des retraites : cotisations augmentées, âge légal poussé jusqu'à 65 ans puis 67 ans en 2017. S'est ajoutée plus tard une baisse de l'impôt sur le revenu. Quant au gouvernement de grande coalition dirigé par Angela Merkel, après les élections de 2005, il a augmenté de 3 % la TVA, deux tiers de la somme allant à la réduction du déficit public et un tiers à une baisse des cotisations sociales salariales et patronales.

A cette dernière décision près, aucune des mesures réformatrices n'a touché au fonctionnement des entreprises. Celles-ci n'ont pas besoin en effet d'une flexibilité supplémentaire dans la gestion des effectifs. La possibilité d'un troc emploi/salaire et le recours massif au travail à temps partiel participaient de longue date du modèle social allemand. Les entreprises à coûts fixes élevés, sidérurgie et automobile au premier chef, n'ont cessé d'y recourir. Elles ont pratiqué, avec l'accord des syndicats, une brutale modération salariale afin de rétablir leur compétitivité. En retard à la fin des années quatre-vingt-dix de 10 % sur la France, elles se retrouvent, dix ans plus tard, en avance de 10 %. Devenu une icône réformiste, l'agenda 2010 est, en fait, un ajustement à la marge du modèle allemand. Quant aux arbitrages salaire/profit et donc salaire/emploi négociés par les partenaires sociaux, ils ont constitué une version un peu plus rude et plus durable d'un mécanisme classique d'adaptation. Ce qui, vu de France, est perçu comme une révolution libérale ou une démarche thatchérienne transcrite à la mode social-démocrate germanique relève, en réalité, d'un réformisme tempéré. Que ces mesures, si éloignées de la purge imposée à la Grande-Bretagne par la « Dame de fer », aient suffi à rétablir la prospérité, témoigne *a contrario* de l'exceptionnelle solidité du modèle allemand !

Celui-ci bénéficie de surcroît de l'opportunité que lui offrent la mondialisation et surtout le développement de la Chine. Ses spécialisations industrielles lui créent une rente technologique vis-à-vis de tous les pays désireux de se doter d'un appareil moderne de production. Dès lors que le phénomène prend la dimension de la Chine, les biens d'équipement allemands croulent sous les commandes.

Cette situation, sans doute temporaire, met à bas toutes les théories en vigueur il y a quinze ans sur l'inadéquation du modèle allemand à l'économie contemporaine. Que ne prétendait-on pas ? L'Allemagne est prisonnière de son industrie alors que l'avenir appartient aux services. Elle est portée par de grandes entreprises, alors que la révolution technologique donne le primat aux entrepreneurs, aux start-up, aux petites structures. Elle fait une place trop grande aux lourds accords contractuels patronat/syndicats, tandis que la société contemporaine se nourrit d'individualisme. Elle fonctionne avec des processus trop complexes, alors qu'il existe une prime pour l'agilité, la souplesse, l'initiative.

Lorsque *The Economist* faisait sa « cover » historique sur « L'Allemagne, homme malade de l'Europe », c'est cette idéologie-là que la bible journalistique de la pensée libérale véhiculait. Elle pistait moins les dérapages macroéconomiques nés de l'unification que l'inadéquation du modèle allemand vis-à-vis des exigences de l'économie contemporaine. *The Economist* s'est trompé, du moins à moyen terme.

Le monde globalisé met en concurrence des systèmes économiques davantage encore que des entreprises. Le système anglo-américain *versus* le mercantilisme allemand ; celui-ci *versus* le capitalisme monopoliste d'Etat chinois ; ce dernier *versus* l'organisation oligarchique japonaise, et ce sans compter l'économie « comprador » – suivant le mot de Marx – de la Russie, le mélange brésilien de libéralisation et de protectionnisme, la dynamique capitaliste de la diaspora chinoise en Asie du Sud-Est. A ce jeu-là, le mercantilisme allemand semble aujourd'hui triomphant.

Mais, hier injustifiés, les doutes deviennent aujourd'hui plus légitimes. Peut-être la machine vient-elle de connaître, sans que personne s'en rende compte, son apogée.

8

De l'apogée à l'inexorable déclin

L'Allemagne remporte tous les premiers prix, dans le classement des grandes économies, surtout lorsqu'on la compare au cancre français. La meilleure croissance des pays importants de la zone euro : 0,9 % en 2013, 1,3 % en 2014, suivant les prévisions du FMI (contre 0,1 % et 0,6 % pour la France). Ce n'est certes pas l'équivalent du dynamisme américain mais, corrigé des écarts démographiques, le résultat n'est pas très éloigné. Un commerce extérieur florissant : un excédent de 187 milliards d'euros en 2012 contre 96,5 milliards en 2001, à mettre en regard d'un déficit français passé de 5,8 milliards en 2001 à 81,5 milliards en 2012. Un excédent des comptes publics de 0,2 % en 2012 contre un déficit de 4,8 % pour la France, alors qu'en 2003 les deux pays connaissaient la même situation, un déficit de 4 %. Longtemps apparus inatteignables, les 0,5 % de déficit, inscrits dans la règle d'or constitutionnelle, ont été franchis sans la moindre difficulté. Un chômage tombé à un niveau qui rime avec un quasi-plein emploi : 5,4 % en 2013 à comparer à 10,8 % pour la France, alors qu'en 2003 les deux pays étaient dans des situations voisines : 9 % à l'ouest du Rhin, 10 % à l'Est. Des taux de prélèvements obligatoires contrastés : 36,3 % outre-Rhin, 42,5 % chez nous en 2010. Une dette publique qui représente 82 % du PIB en 2012 contre 90 % chez nous, alors que l'Allemagne porte les stigmates, en termes d'investissements et de transferts publics, de l'unification. Des salaires plus élevés : 42 400 euros en 2010 outre-Rhin contre 36 155 chez nous. Des marges dans les entreprises sans commune mesure : 28 % en France, 42 % en Allemagne.

Seule ombre à ce tableau d'excellence : la faiblesse du patrimoine allemand. La RFA dispose paradoxalement, à en croire la BCE, du patrimoine médian le plus faible par ménage de la zone euro : 51 400 euros contre 115 800 en France, 182 700 en

Espagne, 173 500 en Italie. Cette relative pauvreté est le fruit de l'Histoire : un pays complètement détruit en 1945 avec un capital collectif voisin de zéro, puis l'impact de l'unification qui a fait entrer dans les statistiques 17 millions de personnes avec une fortune, léguée par le socialisme, voisine de zéro.

L'économie allemande remplit donc la quadrature du cercle : le plein emploi sans inflation, un équilibre budgétaire malgré un taux de prélèvements sociaux assez faible, des exportations qui tirent la croissance, un taux de profit des entreprises compatible avec des salaires élevés. Les fondements de cette réussite sont bien connus : ils valident d'une part le théorème d'Helmut Schmidt – les profits d'aujourd'hui sont les investissements de demain et les emplois d'après-demain – et d'autre part la vieille règle suivant laquelle la baisse des dépenses publiques contribue plus efficacement à l'équilibre budgétaire que la hausse des prélèvements.

A contempler ce tableau idyllique, la tentation est grande d'imaginer une domination, chaque jour plus marquée, de l'économie allemande sur la zone euro et un écart grandissant avec ses partenaires, au point de mettre en danger l'équilibre même du système. Cette vision trop instantanée fait litière du déclin auquel l'Allemagne est condamnée.

Première faiblesse, de loin la plus importante, la démographie. Dans trente ans, la France devrait être plus peuplée que l'Allemagne ; elle aura gagné dix millions d'habitants, alors que nos voisins d'outre-Rhin en auront perdu dix. On ne mesure certes plus la puissance des pays à leur population comme si on soupesait la « chair à canons » pour le prochain conflit. Mais la démographie demeure un facteur clef qui conditionne le dynamisme économique. Une population en régression signifie un affaiblissement potentiel de la croissance et, compte tenu du vieillissement qui mécaniquement l'accompagne, une surcharge de plus en plus lourde pour l'Etat-providence. Si les naissances mesurent l'optimisme d'un pays, la France voit l'avenir en rose, à rebours de tous les sondages et de toutes les enquêtes d'opinion, alors que, en apparence sereine et riche, l'Allemagne est d'un pessimisme noir. Le taux de fécondité demeure, chez nous, supérieur à 2 et donc au-dessus du taux de renouvellement de la population ; il est par contre outre-Rhin de l'ordre de 1,3 à 1,4. La population allemande décroît depuis 2003, malgré une immigration beaucoup plus forte qu'en France. Le vieillissement ne cesse parallèlement de s'accentuer : un Allemand sur cinq a déjà plus de 65 ans. A ce rythme-là, la population active devrait diminuer de 5 millions en dix ans et de 10 en vingt ans. Au début des années 2000, le pays comptait 100 actifs pour 23 retraités ; en 2050 ce sera 100 actifs pour 52 retraités. Sans doute cette contraction démographique a-t-elle favorisé la baisse du taux de chômage, mais ce bénéfice à court terme ne pèse guère à côté des difficultés à venir. L'équation pour financer les dépenses maladie deviendra aussi insoluble qu'elle va l'être pour les retraites. Même si les Allemands commencent à travailler de plus en plus jeunes et à partir en retraite de plus en plus tard, l'économie sociale de marché risque de devenir de plus en plus sociale et de moins en moins marchande, c'est-à-dire entreprenante et tonique, dans un univers mondialisé où la pression continuera de pousser au contraire à une réduction des prestations sociales.

L'immigration constitue certes une réponse partielle à ce phénomène de longue durée, mais le taux de fécondité des immigrés baisse dès la deuxième génération. De manière plus générale, l'Allemagne a, en cette matière, une mue culturelle complexe à mener. Ce n'est pas historiquement, à la différence de la France, un pays d'immigration. Peuple-nation *versus* Etat-nation ; droit du sang *versus* droit du sol. De ce point de vue, le gouvernement Schröder a introduit une véritable révolution en offrant aux petits-enfants d'immigrés la citoyenneté allemande. Les enfants d'étrangers de troisième génération nés sur le territoire allemand et de parents étrangers eux-mêmes nés sur le sol allemand sont allemands à leur naissance depuis le 1er janvier 2000. Dans la même logique, les personnes d'origine allemande nées en dehors du territoire national ne se verront plus attribuer de droit la citoyenneté à leur arrivée en Allemagne. Quant aux enfants d'étrangers, ils devront choisir, entre 18 et 23 ans, entre la citoyenneté allemande et celle de leurs parents. Ce droit du sol n'a certes pas la simplicité en vigueur en France ou aux Etats-Unis ; il demeure assez restrictif et surtout, en refusant la double citoyenneté, met les immigrés devant un dilemme parfois insupportable. Encore l'accès à la citoyenneté n'est-il pas un gage suffisant d'intégration. L'Allemagne a pendant des décennies traité les *Gastarbeiter* – les travailleurs immigrés – comme une catégorie de population à part, à mille lieues du modèle d'intégration français. La situation ne cesse d'évoluer. Ce sont les descendants d'immigrés turcs, arrivés depuis longtemps, qui s'intègrent le mieux, avec quelques réussites exemplaires, tel l'actuel président des « Verts ». Angela Merkel et l'ensemble de la classe politique ont condamné les dérives communautaires qu'a entraînées la ségrégation interne entre autochtones et *Gastarbeiter*. Mais le chemin est encore long qui fera de l'Allemagne un havre pour immigrés.

Dans ces conditions, même si l'immigration est vouée à augmenter, les difficultés d'intégration, les réticences de la population de souche ne lui permettront pas, aux dires des experts, de compenser le déficit démographique né d'une fécondité médiocre. Un pays de moins en moins peuplé et de plus en plus vieux est condamné à voir son tonus s'effriter, son énergie s'étioler, sa créativité s'effilocher. L'Allemagne ne sera certes pas la seule dans cette situation. Hormis la France et depuis peu le Royaume-Uni, la plupart des pays européens va connaître la même évolution, comme de leur côté la Russie ou le Japon, mais celle-ci risque d'être plus douloureuse outre-Rhin, tant l'idée même de déclin est déstabilisatrice pour un pays qui a pu se croire, un temps, à nouveau à l'apogée.

Deuxième faiblesse, l'absurde politique énergétique que mène l'Allemagne, sous la pression constante du parti vert et, plus généralement, de l'opinion publique. Plusieurs inconséquences se sont succédé. Le rejet du nucléaire participe, depuis un demi-siècle, du contexte allemand. Cette réticence collective a d'abord porté sur le nucléaire militaire, avec pour corollaires la tentation d'une dénucléarisation du territoire et le combat contre l'installation des fusées Pershing. Elle s'est ensuite concentrée sur le nucléaire civil, avec, comme prix à payer pour l'entrée des Verts dans la coalition SPD-Verts de Gerhard Schröder, la fermeture, programmée à terme de trente ans, des centrales existantes. Corollaire de cette décision, l'accentuation de la dépendance allemande à l'égard du gaz russe n'a fait l'objet d'aucun débat public. Les conséquences stratégiques étaient pourtant lourdes.

Parallèlement à cette décision, l'Allemagne s'est lancée, sous la pression des écologistes, dans une marche forcée vers les énergies renouvelables – solaire et surtout éolienne – à coups de milliards de subventions. En 2010, le gouvernement Merkel avait décalé de plusieurs années la date limite de fermeture des centrales nucléaires, avant de se livrer deux ans plus tard à un saisissant tête-à-queue. Au lendemain de la catastrophe de Fukushima, la chancelière a brutalement décidé d'anticiper à 2022 la fermeture des centrales, quitte à déstabiliser les deux producteurs nationaux, Eon et RWE, et à faire s'effondrer leur cours de Bourse. Décision d'une violence et d'une brutalité rares, que même le colbertisme français ne se serait jamais autorisé à prendre. Fruit de la *Weltanschauung* personnelle d'Angela Merkel ? Signe envoyé au parti vert dans la perspective des élections de 2013 ? Cette orientation a aggravé l'incroyable désordre énergétique allemand, si peu conforme au sérieux du pays.

Des centrales nucléaires condamnées dans la précipitation, quitte à multiplier les importations d'électricité produite par les centrales nucléaires polonaises, tchèques ou slovaques, probablement moins sûres et moins sophistiquées. Un excès d'énergie éolienne produite dans les länder du Nord à prix d'or, que l'impossibilité d'édifier des lignes à haute tension – conséquence de la pression des écologistes – empêche d'acheminer vers les zones de grande consommation. Des centrales à gaz fermées au profit de centrales au charbon que les exportations américaines à bas prix, depuis l'avènement du gaz de schiste, rendent compétitives et dont les dégâts écologiques, si grands soient-ils, ne font pas sursauter les Verts. Un marché dont le fonctionnement est perturbé par tous ces à-coups, avec en perspective des prix de vente de plus en plus élevés. Dans ce pays en théorie gouverné par la raison, la politique énergétique confine à l'absurde. Mélange de préjugés, de décisions à contre-temps, d'absence de vision à long terme, elle va d'autant plus obérer la compétitivité de l'économie que, dominée par le secteur industriel, celle-ci est hautement consom-matrice d'énergie.

Troisième faiblesse : la spécialisation industrielle de l'Allemagne ne sera pas une rente éternelle. Les entreprises allemandes sont aujourd'hui les fournisseurs principaux des économies émergentes en biens d'équipe-ment. Cette position privilégiée leur permet de mener des politiques de prix insensibles aux effets de change. Qui peut imaginer que la Chine et les autres « dragons » asiatiques ne vont pas se doter d'industries compa-rables ? C'est une étape obligée dans leur dynamique de dépassement de l'Occident. Aujourd'hui sans concurrent, l'industrie allemande va en voir apparaître ; ils seront aussi compétents qu'elle et leurs produits seront moins chers. Elle devra se battre pour maintenir ses positions : il lui faudra baisser ses prix et donc obérer sa rentabilité. Elle a en fait « mangé son pain blanc ». Saura-t-elle se reconvertir, le moment venu, vers de nouveaux créneaux, faire une part plus grande aux services et aux nouvelles technologies ? Sans doute, mais elle sera moins dominante qu'aujourd'hui et ses exportations en pâtiront.

Quatrième faiblesse qui, elle aussi, se mesurera en termes de productivité : la fin de la décennie d'austérité salariale. Depuis que l'économie tourne à plein régime et qu'un quasi-plein emploi est rétabli, les syndicats réclament leur dû au nom des salariés, c'est-à-dire le rattrapage des efforts passés. De là, dans les branches où la puissance syndicale est grande, des hausses de salaires de l'ordre de 5 % sur dix-huit mois, donc très supérieures à l'inflation. Ces accords ne se réalisent pas contre la volonté des pouvoirs publics, gardiens des équilibres macroéconomiques. Bien au contraire ! Il est rarissime d'entendre un ministre des Finances souffler sur les braises salariales, comme l'a fait Wolfgang Schäuble, en déclarant que les salaires n'augmentaient pas assez ! C'est par cette voie-là que l'Allemagne veut contribuer au rééquilibrage de la zone euro. Au lieu d'emprunter le chemin budgétaire que la règle d'or lui interdit, elle préfère favoriser la relance par la hausse des salaires, l'augmentation du pouvoir d'achat et la stimulation de la consommation. Ce n'est pas un « fusil à un coup » – une fois 5 % avant un retour à l'austérité salariale. Les rapports de forces entre patronat et syndicats sont tels que ces derniers ont désormais la main, au moins dans les secteurs traditionnels. Aussi le phénomène devrait-il se perpétuer. Il se nourrira, au-delà des effets de rattrapage, de la pression exercée par les pénuries de main-d'œuvre. Celles-ci se font déjà sentir et ne peuvent que s'aggraver. Elles concernent l'ensemble des hiérarchies professionnelles, des emplois les moins qualifiés jusqu'aux plus sophistiqués. L'immigration constitue certes une réponse naturelle, mais elle ne sera pas à la hauteur des besoins, les offres d'emplois dépassant de beaucoup le nombre d'immigrés que, même devenue plus accueillante, la société allemande saura intégrer.

Ainsi se profile un mouvement qui devrait voir durablement les hausses de salaires dépasser les gains de productivité. La compétitivité des entreprises en sera significativement affectée. Au rythme de 2 % par an, une différence de l'ordre de 10 %, telle qu'elle existe aujourd'hui entre l'Allemagne et la France, se résorbe en cinq ans ! Avec, de surcroît, une consommation stimulée par les augmentations de pouvoir d'achat, l'excédent commercial ne pourra que se réduire. Il n'existe pas de meilleure nouvelle pour la zone euro ! Un écart grandissant entre l'Allemagne et ses partenaires, en particulier la France, représenterait le plus grand danger pour la monnaie unique. Celui-ci ne peut au contraire que se réduire. D'un côté, sous l'effet des efforts d'ajustement des pays périphériques dont témoigne l'excédent des balances commerciales italienne et espagnole. De l'autre, grâce à la détérioration de la compétitivité de l'Allemagne. Ce peut être paradoxalement la planche de salut pour une France rétive à la perspective de se réformer rapidement.

L'économie allemande va donc être handicapée. A court terme par un rétablissement de l'équilibre profits/salaires à l'avantage de ces derniers. A moyen terme par un coût de l'énergie rendu prohibitif sous le poids des mauvaises décisions et par un début d'inadéquation de la spécialisation industrielle. A long terme par la surcharge imposée à l'Etat-providence du fait du vieillissement de la population. A encore plus long terme sous l'effet de la perte de dynamisme collectif, inhérente à une population en contraction. Enoncer ces réalités n'est pas sacrifier à une quelconque *Schadenfreude* – une « joie honteuse » – comme disent les Allemands.

Il ne s'agit pas, en particulier pour les Français, de faire preuve de la mauvaise foi du cancre à l'égard du prix d'excellence. C'est intégrer une perspective essentielle pour les équilibres européens. La domination de l'économie allemande en Europe a sans doute connu son apogée. Son inéluctable déclin évitera à l'Allemagne la tentation de l'arrogance dont elle a su, jusqu'à présent, se préserver, mais qui aurait été plus difficile à contrôler si l'écart avec ses partenaires avait continué, des années durant, à augmenter.

9

Grosse Suisse ou vraie puissance ?

———————————

L'Allemagne d'aujourd'hui ressemble à une grosse Suisse : amie de tous pour de bonnes et de mauvaises raisons, dominée par le goût du commerce, attachée aux libertés individuelles, sympathique et égocentrique, décidée à demeurer aux abonnés absents de l'Histoire, à la fois comme prix payé au passé mais aussi par tempérament et goût de la quiétude. Est-ce une posture durable ? Echappe-t-on éternellement à la dynamique de la puissance ? A trop la nier, ne risque-t-on pas un jour de la réveiller soudainement ? Ne vaudrait-il pas mieux que la République fédérale assume sa force plutôt que de l'escamoter ?

L'Allemagne unifiée n'a pas trouvé sa place sur la carte du monde. Gerhard Schröder et Joschka Fisher se sont attaqués à pas comptés au tabou du non-interventionnisme. La règle en vigueur était : pas de soldats allemands sur les terrains d'intervention internationale ; leurs uniformes sont synonymes de trop mauvais souvenirs. Attitude trop confortable : elle est marquée, en apparence, au coin de la conscience historique ; elle évite les risques politiques ; elle satisfait le prurit pacifiste de l'opinion publique. Or, hormis dans les pays européens qui ont connu l'occupation allemande, l'argument ne vaut rien. Ni les Asiatiques, ni les Africains n'ont vécu le traumatisme nazi : l'uniforme décontracté de la Bundeswehr est, à leurs yeux, aussi anodin que celui des troupes françaises ou hollandaises.

Abandonner le principe du non-interventionnisme s'est fait en plusieurs étapes. Participation de soutien à des actions internationales sans troupe au sol ; participation, avec l'envoi d'effectifs non combattants au sein de forces internationales, elles, combattantes ; insertion modeste au sein de coalitions combattantes. Encore fallait-il que la cause soit incontestable et les risques militaires infinitésimaux. L'intervention avec « zéro mort » semblait une martingale : elle satisfaisait les alliés énervés de voir

130

l'Allemagne rester au balcon ; elle ne heurtait pas une opinion publique rétive à l'idée du sang versé. Mais derrière ces avances « en crabe » apparaissait clairement l'idée, du moins chez Joschka Fisher, d'amener l'Allemagne à la table des vrais acteurs. Moins par un désir d'affirmation nationale que, plus révélateur, par un sens du devoir : la République fédérale doit payer son écot, comme les autres, à la paix du monde.

De ce point de vue, Angela Merkel a fait un grand pas en arrière : par humilité internationale et par intuition politique. En témoigne l'incroyable vote au Conseil de sécurité au printemps 2011 à propos de l'intervention en Libye. Au lieu de suivre ses alliés américains, anglais, français, ce qui ne l'obligeait pas à prendre ensuite part à l'opération, elle a jeté son bulletin aux côtés de la Chine et de la Russie, hostiles à l'idée même d'ingérence dans un Etat souverain, surtout quand il est proche d'eux. Erreur de calcul ? Volonté de flatter l'opinion ? Le résultat a été calamiteux : l'Allemagne est revenue au statu quo antérieur, effaçant dix ans d'entrée progressive dans le monde. Elle est apparue pusillanime et peu fiable aux yeux de ses partenaires. Son attitude, au moment de l'intervention française au Mali, a été moins maladroite mais aussi cauteleuse. Un soutien verbal, une modeste contribution logistique et aucune prise de risque.

La Syrie est l'illustration la plus récente de cette attitude cauteleuse. Ainsi lors du dernier G20, Angela Merkel a-t-elle commencé, pour le plus grand plaisir de Vladimir Poutine, par refuser la déclaration des onze pays réclamant une réaction face à l'usage des armes chimiques par le régime Assad. Elle est revenue, vingt-quatre heures plus tard, sur sa position et a fini par signer de mauvais gré le texte afin de ne pas se trouver, comme à propos de la Libye, du côté de la Russie et de la Chine. Mais cet aller-retour était, à lui seul, un aveu.

La République fédérale se refuse à l'affrontement, fût-il verbal ; elle ne veut fâcher personne, attitude d'une extrême ambiguïté. D'un côté revient l'argument : « Le monde a trop souffert de notre fait ; nous avons un devoir historique de gentillesse. » De l'autre, cette retenue correspond aux intérêts d'un pays qui fait de ses exportations l'alpha et l'oméga de sa politique et qui ne veut donc se brouiller avec aucun client potentiel. Etre trop ferme à propos de la Syrie, c'est compliquer la relation avec une Russie considérée comme terre d'expansion commerciale et fournisseur essentiel de gaz. Trop insister sur la question du Tibet et des droits de l'homme, c'est braquer le gouvernement de Pékin alors qu'il a la clef des grands contrats d'importation. La diplomatie allemande est aux antipodes de celles du Royaume-Uni et de la France. Vieilles puissances coloniales, ces deux pays essaient de jouer au-dessus de leur niveau et de leur poids réels. L'Allemagne s'efforce, elle, d'agir en deçà de ses capacités. A trop placer les objectifs commerciaux en tête de ses priorités, elle crée une situation de frustration chez ses partenaires. Ceux-ci considèrent en effet que leurs actions profitent à l'ensemble des Européens et donc à l'Allemagne, qu'eux-mêmes en paient parfois le prix sous forme de représailles économiques, alors que leurs concurrents allemands sont immunisés.

Ce qui est naturel de la part d'un petit pays comme la Suisse est plus contestable venant d'un grand joueur potentiel. Mais c'est aujourd'hui le vœu de l'opinion publique allemande. Elle attend du gouvernement qu'il soit le notaire de ses aspirations à la quiétude. Celle-ci s'identifie d'abord au strict respect des libertés individuelles. De là son hyperréactivité à l'affaire Prism. Pour une population autrefois confrontée aux fichiers SS puis à ceux de la Stasi, le droit à l'intimité ne tolère aucun compromis. Outre sa sensibilité personnelle d'enfant des länder de l'Est, Angela Merkel n'a pas eu d'autre choix politique que de prendre de front sur ce sujet l'allié américain, malgré l'hypocrisie que recèle une telle attitude, compte tenu des liens étroits entre la CIA et les services secrets allemands. Elle a été plus brutale avec l'ancien protecteur américain qu'elle ne l'est vis-à-vis des Chinois ou des Russes. C'est la rançon de la contrainte que fait peser sur le gouvernement de Berlin une opinion publique très « suisse », donc attachée à ses droits fondamentaux, à sa liberté, au culte de la nature, au refus de la guerre, à la haine du nucléaire, à un mode de vie confortable et individualiste.

Ce n'est pas de ce bois-là que l'on fabrique le nationalisme. Les Allemands ne cèdent guère, en effet, à ce prurit. Leur enthousiasme bon enfant pour la *Mannschaft* – l'équipe nationale de football – si gai et décontracté pendant la Coupe du monde 2006 constitue probablement l'expression la plus exacerbée de leur nationalisme. De quoi en effet les Allemands peuvent-ils être fiers ? Du deutsche-mark ? Ils l'ont offert à l'Europe. De leur commerce extérieur ? Cela ne provoque pas de mouvements de foule. De leurs chiffres macroéconomiques ? On ne jubile pas pour des taux de croissance et de chômage, si bons soient-ils. De leur réussite démocratique ? Le souvenir du passé leur interdit encore de tels réflexes d'orgueil. Restent les exploits sportifs : la *Mannschaft*, Boris Becker, Schumacher...

A défaut de passions nationales, les Allemands ne ressentent pas non plus telle ou telle de ces haines dans lesquelles cuit le nationalisme. Même si la crainte de l'immigration et une certaine forme d'islamophobie les taraudent, comme en a témoigné le succès de l'essai xénophobe de Thilo Sarrazin, ancien membre social-démocrate du directoire de la Bundesbank devenu le pourfendeur officiel de l'Islam, le phénomène n'a pas pris la même ampleur qu'en France ou aux Pays-Bas.

L'immigration roumaine ou bulgare provoque certes quelques émotions épidermiques, mais ce n'est pas une lame de fond qui parcourt la société. Quant aux craintes, voire au mépris, à l'égard des Grecs et des autres pays méditerranéens, ils demeurent cantonnés aux plaisanteries médiocres des couvertures de *Bild*. Sur ce sujet, puisque comparaison avec la Suisse il y a, l'opinion allemande est moins xénophobe que son alter ego helvétique.

La politique étrangère demeure, chacun le sait, un sous-produit de la politique nationale. Si l'Allemagne se comporte sur la scène internationale comme une grosse Suisse, elle le doit à sa propre opinion publique qui est « plus suisse que nature ». Imagine-t-on, dans ce contexte, un leader politique allemand s'adressant à son peuple pour lui dire : « Nous ne sommes pas la Suisse ; nous sommes puissants ; nous devons tenir le rôle que nous méritons d'avoir » ? Il faudra des années avant qu'une telle transgression ait lieu. On imagine les cris d'orfraie : retour de l'impérialisme ; Bismarck, à défaut de Hitler, ressuscite ; les Allemands sont incorrigibles ; on leur donne quitus, ils en abusent…

Mais la situation actuelle n'est pas saine. Si cette humilité se perpétue, il en résultera un grand déséquilibre à l'intérieur de l'Europe et du monde atlantique. Au sein d'une Union européenne plus économique que politique, plus monétaire que stratégique, le centre ne peut être un lieu vide. Or l'Allemagne est, par sa puissance et son efficacité, le moteur de l'Union et surtout de la zone euro. Ce serait donc à elle de servir de boussole. Si elle retrouvait son enthousiasme fédéraliste d'antan, les choses seraient plus simples : le chef d'orchestre battrait la mesure. Or, devenue une grosse Suisse plutôt centrée sur elle-même, la RFA a perdu son énergie politique. L'Allemagne est authentiquement européenne ; elle n'est plus passionnément fédéraliste. Verrait-on aujourd'hui deux hommes d'Etat d'outre-Rhin lancer le même pavé dans la mare qu'en 1994 le rapport Schäuble-Lamers, si absurdement repoussé par François Mitterrand et Edouard Balladur ? Imagine-t-on un second discours à l'université Humboldt, sur le mode de celui délivré par Joschka Fisher et que les autorités françaises de l'époque ont traité par le mépris ?

Les leaders actuels de la CDU – Angela Merkel en tête – et du SPD ne sont pas de cette trempe-là. La chancelière est ambiguë : elle donne le sentiment, quand elle a des élans fédéralistes, de le faire sans conviction et n'hésite pas à dire, peu après, l'inverse. C'est d'autant plus dommage que, forte de sa conduite exemplaire lors de la crise de l'euro, elle a la légitimité pour proposer un vrai pas en avant fédéral. Les concepts institutionnels ne manquent pas car, elle-même Etat fédéral, l'Allemagne a bien plus que la France la culture fédéraliste. Dans le débat plan Monnet-plan Fouchet, c'est-à-dire l'affrontement entre l'Europe fédérale et l'Europe des nations chère à de Gaulle, entre un système parlementaire intégré et un directoire des grandes puissances, l'Allemagne a toujours été dans le premier camp. Elle l'est encore passivement mais ne se veut plus proactive.

Ce sont à la fois l'idiosyncrasie des dirigeants et la pusillanimité de l'opinion qui expliquent ce changement de comportement. Les Allemands sont devenus suisses, au point de ne pas souhaiter davantage d'Europe. Le devoir de leurs responsables publics ne serait-il pas de passer outre et d'aller de l'avant ? Si Helmut Kohl s'était laissé guider par son opinion, le deutschemark existerait toujours et l'euro ne serait même pas dans les limbes. La classe politique allemande fait par pusillanimité une erreur historique.

Il n'existe, de son fait, que deux scénarios. Première hypothèse : l'Allemagne-grosse Suisse est un modèle durable et l'Union européenne reste dans le flou actuel : suffisamment intégrée pour résister aux assauts des marchés, trop molle pour devenir un acteur mondial. Cette situation serait une première. Elle mettrait à bas la « théorie de la bicyclette » traditionnellement appliquée à l'Europe : quand elle n'avance pas, elle tombe. Deuxième hypothèse : l'Union survit en se nécrosant, elle devient de plus en plus le bouc émissaire de toutes les opinions publiques et la société allemande s'en éloigne psychologiquement et affectivement. Celle-ci cède non à un nationalisme classique mais à une indifférence narcissique, un égocentrisme national : il ne s'agit ni de dominer, ni d'humilier les partenaires, mais de les ignorer de plus en plus. C'est une nouvelle forme de *Sonderweg*, non le

Sonderweg historique, expansionniste et agressif, mais un « chemin spécifique » marqué au coin de l'égoïsme. Un engrenage fatal pourrait, dès lors, s'enclencher, dans lequel l'indifférence nourrirait l'absence de réactions solidaires en cas de difficultés. De décisions non prises en décisions mal prises, la grosse Suisse ferait vaciller l'Europe.

Voilà le grief que l'on peut faire à la tentation « grosse Suisse » de la RFA. A s'abstraire du monde, à refuser de jouer son rôle, à se satisfaire de sa quiétude collective, l'Allemagne risque de prendre une responsabilité historique. Nul ne peut reprocher à la Suisse sa manière d'être – sauf, jusqu'il y a peu, en matière fiscale : elle est adaptée à son poids et à sa place en Europe. Mais nul ne peut se féliciter en revanche de voir l'Allemagne se comporter à l'avenant. D'aucuns, Français en tête, sont tentés de s'en réjouir, pensant que par un effet de balancier, ils en seraient renforcés. C'est une illusion : les partenaires de la RFA doivent la pousser à mieux s'assumer et à accepter les droits et les devoirs de la puissance.

10

Et les autres ?

Comment se situent les autres grandes puissances vis-à-vis de cette Allemagne, puissance économique dominante de la zone euro mais étrange animal politique, effrayé de son propre pouvoir ?

Moins les relations sont traditionnellement proches, plus elles sont, dans ce contexte, aisées. Ainsi du partenaire le plus lointain, la Chine. A ses yeux, l'Allemagne est le seul interlocuteur économique européen qui vaille. La route de l'Europe passe presque exclusivement par Berlin. Et le gouvernement de la RFA l'a bien compris, qui fait régulièrement cavalier seul. C'est la diplomatie économique à l'état pur : contacts incessants, voyages réguliers, contrats de grande ampleur et volonté de ne jamais provoquer le dragon chinois, qu'il s'agisse du Tibet ou du commerce des panneaux solaires. Alors qu'à l'échelle d'un tel marché, l'Europe est ridicule de se présenter en ordre dispersé, la volonté des Allemands de jouer leur propre partition oblige les autres Européens à faire de même, alors qu'ils ne disposent pas d'arguments aussi puissants. Quant au côté « grosse Suisse », la Chine y est indifférente : vus de Pékin, les équilibres entre Européens paraissent bien exotiques.

Ce n'est naturellement pas la position de Moscou. La Russie poutinienne a hérité du tsarisme et du stalinisme le sens des mouvements stratégiques à l'intérieur de l'Europe. Quel est son intérêt ? Une Europe de plus en plus molle, de manière à lui ouvrir un espace de jeu. Quel est son levier ? Etablir avec la RFA une relation aussi intime que possible, qui conduit consciemment ou non celle-ci à distendre ses liens atlantiques et ouest-européens. Quels sont ses outils ? Une proximité économique, la signature de grands contrats propres à faire saliver les grands *Konzerns* allemands et surtout le rôle de fournisseur privilégié de gaz. L'erratique politique énergétique allemande est, de ce point de vue, une aubaine pour Moscou, aussi longtemps que la production de gaz de schiste en Europe occidentale demeurera un simple sujet de conversation. Les Russes ne joueront jamais avec le robinet du gaz vis-à-vis des Allemands, comme ils l'ont fait à l'égard des pays baltes ou de l'Ukraine, mais la dépendance est là, en surplomb de la relation bilatérale. Sans doute ne tient-elle aucun rôle explicite dans les choix diplomatiques allemands les plus favorables à Moscou, tel le vote sur la Libye, mais les autres Européens ne peuvent que s'inquiéter d'une telle épée de Damoclès au-dessus de la RFA. Pour la Russie, une Allemagne « grosse Suisse » est une bénédiction, puisqu'elle va de pair avec une Europe plus faible. Une zone euro stable, voire plus cohérente, n'est pas une menace pour la Russie. Sa crainte est de voir cette eurozone économique se muer en une eurozone politiquement intégrée. De ce point de vue, si l'Allemagne d'aujourd'hui, hyper-puissante économiquement, se voulait européenne à la mode d'Adenauer, Schmidt ou Kohl, Vladimir Poutine ferait grise mine : la Russie serait reléguée sur les marches de cette eurozone en voie de se fédérer, alors que le flou institutionnel actuel lui convient. Vue à travers le prisme de ses intérêts, la grosse Suisse est pour Moscou l'optimum. Une Allemagne plus autonome mais plus ambitieuse, plus nationaliste, pourrait l'inquiéter compte tenu de la médiocrité de l'économie russe. Tout est donc, à ses yeux, pour le mieux dans le meilleur des mondes possible.

Ce n'est évidemment pas la même analyse qui prévaut du côté des alliés occidentaux de la RFA. L'Europe a dégringolé, chacun le sait, dans la liste des priorités américaines depuis la chute du communisme. L'Union européenne ne crée aucun problème aux Américains mais ne leur offre ni solution, ni soutien décisif sur les sujets qui leur tiennent à cœur – la Chine, l'Asie du Sud-Est, l'Iran, le Pakistan et l'Afghanistan, le conflit israélo-palestinien. La réduction permanente des budgets de défense en Europe rend de plus en plus illusoire le rôle de supplétifs militaires que jouaient jusqu'alors les Européens. Les Etats-Unis préféreraient certes une Union européenne plus forte, plus intégrée, plus présente, plus solidaire. Comme les Américains visent toujours la simplicité, la meilleure voie, à leurs yeux, pour atteindre cet objectif serait de voir le pays le plus puissant mener la danse. C'est donc aux Allemands de le faire. Aussi le côté grosse Suisse de l'Allemagne ne leur sied-il pas. Il va de pair, vu à travers leurs critères, avec un effort militaire dérisoire, une diplomatie trop peu engagée à leurs côtés, une pression mise sur eux sur des sujets comme l'affaire Prism qui ne leur plaît guère. Les relations américano-suisses sont, de ce point de vue, une préfiguration qu'ils n'apprécient pas : il leur faut tordre sans cesse le bras de Suisses trop égoïstes et trop peu coopératifs quand leurs intérêts, en particulier financiers, sont en jeu. Aussi n'ont-ils aucune envie de connaître les mêmes difficultés, à la puissance dix, avec la République fédérale. Les préoccupations américaines ne sont naturellement pas explicites. La règle est de manifester l'attachement des Etats-Unis à l'égard du vieil et fidèle allié de la guerre froide, d'encenser la force de l'amitié germano-américaine, de se référer à l'héritage du blocus de Berlin... Mais ce sont des ritournelles : les Etats-Unis aimeraient une autre Allemagne, sûre d'elle-même et décidée à exercer son autorité sur la « coopérative européenne ».

Les Britanniques sont-ils, sur ce sujet-là, « l'allié spécial » des Etats-Unis ? Partagent-ils le même point de vue ? En aucun cas, même s'ils se gardent bien de le proclamer. Le Royaume-Uni demeure fidèle à sa ligne historique : pas de puissance dominante sur le continent. C'est la stratégie qu'il a suivie au cœur de l'Union européenne, d'abord pour éviter un leadership français, ensuite pour combattre le condominium germano-français. La situation actuelle est donc optimale à ses yeux. Une France économiquement affaiblie, sans un ressort politique suffisant pour compenser par son énergie cet énorme handicap. Une Allemagne qui se refuse à jouer la boussole de l'Europe. Donc une eurozone incapable de devenir une vraie fédération et par conséquent une Union européenne amollie que Londres espère transformer en une zone de libre échange légèrement structurée. De ce point de vue, la douce Allemagne est un don du ciel vue à l'aune des principes politiques intangibles du Royaume-Uni.

Il n'en est pas de même en Europe centrale et en particulier en Pologne. Qui aurait imaginé, un jour, le ministre des Affaires étrangères polonais déclarer : « C'est un paradoxe, compte tenu du poids du passé, de voir un responsable polonais regretter comme il le fait, non l'omnipuissance de l'Allemagne mais son refus, justement, d'exercer le rôle qui lui revient. »

Les pays de la périphérie méditerranéenne ont des positions ambiguës : l'Espagne plutôt amicale à l'égard de Berlin, le Portugal bon élève en quête d'un satisfecit allemand. Ils s'accommodent de l'Allemagne d'aujourd'hui, plutôt bien intentionnée à leur égard et décemment solidaire. Le cas italien est différent : Rome s'est toujours sentie méprisée. Par la République fédérale de Bonn, obsessionnellement tournée vers la France. Par l'Allemagne unifiée qui n'a jamais cherché à créer un lien intime avec l'Italie. De là une méfiance toujours présente chez les Italiens, d'autant plus paradoxale que les Italiens du Nord sont des « Allemands gais », à la manière dont Cocteau disait des Français que ce sont des Italiens de mauvaise humeur. Dans un tel contexte, l'Italie prend l'Allemagne telle qu'elle est et se sent d'autant plus à l'aise que celle-ci est « suisse ». Parmi les capitales potentiellement les plus rétives à l'idée d'une Allemagne qui assumerait sa force, Rome figure au premier rang.

Mais c'est évidemment la France que le destin de l'Allemagne contemporaine interpelle au premier chef. Rien de nouveau, de ce point de vue, sous le soleil : la question allemande est, depuis des lustres, l'obsession française. Seule puissance occupante à avoir rêvé en 1945 du démantèlement de l'Allemagne, à l'instar de Clemenceau à Versailles en 1919, la France a non seulement cédé au principe de réalité mais elle a été formidablement positive à l'égard de l'Allemagne, grâce à l'addition paradoxale des approches de Jean Monnet et du général de Gaulle. Le premier, en offrant à la jeune République fédérale la légitimité d'un pays fondateur de l'Europe des Six et les avantages de l'intégration communautaire. Le second, en mettant en scène la naissance du couple franco-allemand.

Celui-ci a connu en fait trois époques successives. L'Allemagne occidentale heureuse de laisser à la France le leadership politique de la Communauté européenne et se contentant de jouer sa partition économique. La République fédérale d'après 1989, troquant avec Paris, dans un accord entre arrière-pensées, l'unification contre la monnaie unique, puis prise dans les difficultés de l'après-unification, continuant à laisser la France mener le bal politique. Le couple égalitaire, enfin, des dix dernières années, marqué par les tandems Chirac-Schröder et Sarkozy-Merkel avec un troc entre l'ascendant politique, sur le plan international, de Paris et l'avantage économique de Berlin. Qu'il s'agisse de la position de Jacques Chirac sur la guerre d'Irak ou du rôle de Nicolas Sarkozy au moment de la crise financière, l'Allemagne a laissé la conduite des opérations à son allié français. L'irrésistible progression de l'économie allemande rend cet équilibre de plus en plus précaire, mais à force d'initiatives politiques – Côte d'Ivoire, Libye –, Paris avait réussi à le maintenir.

L'avènement de François Hollande a modifié cette situation instable. Indépendamment de son contentieux personnel avec Angela Merkel, coupable à ses yeux d'avoir soutenu Nicolas Sarkozy, il a tenté, en vain, d'isoler l'Allemagne au sein de l'Union européenne à travers des alliances de revers. Confondant les jeux tactiques appris au bureau politique du Parti socialiste et le fonctionnement de l'Europe communautaire, il a essayé d'encercler Berlin à travers des accords partiels avec Rome ou Madrid. Sans doute n'avait-il pas deviné que, lui à peine sorti de leurs bureaux, ses homologues italien et espagnol téléphoneraient à une chancelière dont ils ont aujourd'hui tellement besoin.

Le poids des réalités a, comme toujours, prévalu et la France a repris un dialogue plus traditionnel avec la RFA. Mais, malgré l'extrême prudence verbale des pouvoirs publics allemands, leur inquiétude est perceptible. Loin de se réjouir de l'affaiblissement économique de la France, ils s'en inquiètent, tant ils sont convaincus qu'une bourrasque des marchés vis-à-vis de la dette française mettrait en danger la zone euro, d'une manière beaucoup plus grave qu'à l'occasion des séismes espagnol et italien.

A l'inverse, Paris n'utilise guère ses cartes politiques. Ainsi la France n'a-t-elle pas capitalisé sur la réussite de sa guerre éclair au Mali. Puisque les Européens, Allemagne comprise, avaient affirmé que l'expédition française servait les intérêts européens, il aurait été loisible aux Français de dire : nous sommes l'échelon militaire avancé de l'Europe, et à cette fin nous dépensons pour notre budget militaire 1 % du PIB de plus que la moyenne de nos partenaires ; défalquons cet écart des mythiques 3 %. La manœuvre aurait peut-être échoué, mais elle aurait signifié aux Allemands, gardiens de l'orthodoxie budgétaire, que le poids militaire et politique de la France existe et a un prix.

De ce point de vue, la position en flèche de François Hollande dans l'affaire syrienne et le lien si affirmé avec les Etats-Unis ont le mérite de rappeler à Berlin que la France existe encore sur le plan stratégique et qu'il ne faut pas juger la relation entre les deux pays à la seule aune de l'économie.

Si les Français s'en tiennent, en effet, vis-à-vis de leur partenaire historique, au seul champ économique, ils sont en nette situation d'infériorité. Celle-ci ne serait pas irréversible s'ils faisaient le même effort qu'entre 1983 et 1995, douze années de « désinflation compétitive » menée avec constance par des gouvernements de droite et de gauche. En 1995, ainsi fortifiée, l'économie française avait un avantage de compétitivité de 10 % sur une Allemagne affaiblie par le coût de l'unification. Douze ans plus tard, l'avantage de compétitivité est de 10 % du côté allemand : la France s'est affaissée – trente-cinq heures, manipulations du SMIC, hausses de salaires –, alors que l'Allemagne se mettait aux normes de l'agenda 2010. Mais même si, frappé par la grâce, le gouvernement français menait les réformes de structure nécessaires, le rétablissement de la compétitivité vis-à-vis de l'économie allemande prendrait au moins cinq ans.

L'Histoire ne se sera pas mise durant cette période aux abonnés absents. Aussi une stratégie s'impose-t-elle face à l'« Allemagne-grosse Suisse » : plus politique, plus imaginative, plus audacieuse. Le premier réflexe des Français est évidemment de se réjouir d'une RFA politiquement apathique et donc de vivre avec bonheur le fait qu'elle ne transforme pas sa domination économique en véritable influence politique. La tentation est grande, dès lors, de maintenir le statu quo et de ne pas ouvrir le jeu politique, c'est-à-dire de proposer des avancées majeures dans l'édification de l'eurozone.

Comme les hommes politiques ont, à l'instar de tous les décideurs, la stratégie de leur tempérament, cette politique des « micro-pas » sied parfaitement à François Hollande. Mais c'est une approche à courte vue. Elle fait vivre paradoxalement l'Europe sur le tempo allemand. C'est Berlin qui donne, dès lors, le *la* au processus européen, y compris pour temporiser et tergiverser.

Il serait tellement plus habile, de la part des Français, non de mettre l'Allemagne au pied du mur, mais au contraire de l'aider à sortir de ses ambiguïtés. Proposer aux Allemands de préparer un plan commun d'union politique de la zone euro, accepter de donner à ce cahier des charges un minimum d'esprit parlementariste, prendre notre partenaire au jeu de sa propre expérience fédérale : autant de positions paradoxales au regard de la tradition française.

Cette tactique, qui s'apparenterait à celle du judoka, aurait maints avantages.

Plus l'eurozone serait institutionnellement structurée, plus l'ascendant économique allemand serait contrôlé. Y a-t-il meilleure illustration de cette approche que l'acceptation par Helmut Kohl, dans la négociation sur l'Union monétaire, du principe – un pays, une voix – au Conseil des gouverneurs de la Banque centrale européenne, avec pour conséquence que la puissante Bundesbank ne pèse pas davantage que son homologue chypriote ? Si cette concession, octroyée dans la foulée de l'unification, apparaît aujourd'hui si énorme qu'elle semble absurde, voire contre-productive, tout processus fédéraliste obligerait Berlin à une *diminutio capitis* par rapport à sa domination effective. Autre avantage : ne pas laisser l'agenda européen dans les seules mains allemandes. Si l'option « grosse Suisse » est un jour abandonnée au profit d'un *Sonderweg*, fût-il hautement civilisé, Paris n'aura d'autre choix que de jouer comme un footballeur « en contre » : la France pourra récriminer, freiner, voire bloquer ; elle subira l'évolution de l'Europe davantage qu'elle la façonnera. Troisième avantage : une partie des élites politiques allemandes est encore aujourd'hui fidèle à son prurit européen originel ; une telle initiative française la réveillerait et renforcerait sa main dans les jeux politiques complexes inhérents à l'hyper-démocratie allemande. Cela obligerait la chancelière à abandonner sa posture de chauve-souris : d'un côté fédéraliste, de l'autre nationaliste douillette.

Sans doute une France proactive en termes de construction européenne peut-elle encore entraîner la République fédérale. Dans dix ans ce ne sera plus possible, car le pouvoir appartiendra à Berlin aux enfants de l'Allemagne actuelle : individualistes, démocrates jusqu'au bout des ongles, maniaques de la nature et des libertés publiques, économiquement repus, européens de comportement mais sans grand dessein politique, indifférents et nonchalants.

C'est parce que l'évolution de l'Allemagne est depuis un demi-siècle admirable que nous ne pouvons nous réjouir à l'idée qu'elle devienne une grosse Suisse. Elle mérite mieux et c'est, pour nous Français, une tâche paradoxale et noble de la pousser vers un destin plus conforme à ses capacités. La France doit se convaincre qu'elle a, plus que quiconque, intérêt à une République fédérale proche d'elle, fraternelle à son égard mais aussi puissante qu'elle le mérite. De ce point de vue, le temps est compté : c'est en partie à Paris que se joue l'avenir allemand.

Table

DU MÊME AUTEUR, suite

chez d'autres éditeurs :

L'INFORMATISATION DE LA SOCIÉTÉ, *avec Simon Nora*, Le Seuil, 1978.

L'APRÈS-CRISE EST COMMENCÉ, Gallimard, 1982.

L'AVENIR EN FACE, Le Seuil, 1984.

LE SYNDROME FINLANDAIS, Le Seuil, 1986.

LE NOUVEAU MOYEN AGE, Gallimard, 1993.

CONTREPOINTS, *recueil d'articles*, Le Livre de Poche, 1993.

DEUX FRANCE ?, *avec Philippe Séguin et Eric Laurent*, Plon, 1994.

LA FRANCE DE L'AN 2000, Odile Jacob, 1994.

L'IVRESSE DÉMOCRATIQUE, Gallimard, 1994.

ANTIPORTRAITS, Gallimard, 1995.

LA MONDIALISATION HEUREUSE, Plon, 1997.

LOUIS NAPOLÉON REVISITÉ, Gallimard, 1997.

AU NOM DE LA LOI, Gallimard, 1998.

SPINOZA, UN ROMAN JUIF, Gallimard, 1999.

LE FRACAS DU MONDE : JOURNAL DE L'ANNÉE 2001, Le Seuil, 2002.

JE PERSISTE ET JE SIGNE, CONTREPOINTS II, *recueil d'articles*, Le Livre de Poche, 2002.

Dans la même collection

Cet ouvrage a été imprimé en France
par CPI Bussière
à Saint-Amand-Montrond (Cher)
en septembre 2013

Composé par Facompo
à Lisieux (Calvados)

Grasset s'engage pour
l'environnement en réduisant
l'empreinte carbone de ses livres.
Celle de cet exemplaire est de :
280 g éq. CO₂
PAPIER À BASE DE   Rendez-vous sur
FIBRES CERTIFIÉES   www.grasset-durable.fr

N° d'Édition : 17964. — N° d'Impression : 2004768.
Dépôt légal : octobre 2013.